Christoph Biermann
Meine Tage als Spitzenreiter
Letzte Wahrheiten über Fußball

D1665652

Christoph Biermann

Meine Tage als Spitzenreiter

Letzte Wahrheiten über Fußball

VERLAG DIE WERKSTATT

Bibliografische Information der Deutschen Bibliothek
Die Deutsche Bibliothek verzeichnet diese Publikation in der
Deutschen Nationalbibliografie; detaillierte bibliografische Daten
sind im Internet über http://dnb.ddb.de abrufbar.

Copyright © 2004 Verlag Die Werkstatt GmbH
Lotzestraße 24a, 37083 Göttingen
www.werkstatt-verlag.de
Alle Rechte vorbehalten
Umschlaggestaltung: Barbara Thoben, Köln
Foto: Zefa Visual Media
Satz und Gestaltung: Verlag Die Werkstatt, Göttingen
Druck und Bindung: Westermann Druck, Zwickau

ISBN 3-89533-447-2

Inhalt

Liebe

Heimweh

Sex

Sehnsucht

Vorwort

Eines Tages klagte Christoph Biermann, und wenn einer dazu nicht neigt, hört man besonders genau zu. „Ich erlebe als Sportjournalist so viele schöne Dinge", seufzte er. – Na und? – „Über die Schönsten kann ich nie schreiben." Er klang so deprimiert, dass selbst der dazu ausgestoßene Rauch in traurigen Kringeln zur Decke schwebte. „Es gibt keine journalistische Form, die dazu passt", jammerte er. Weil man immer einen so genannten Anlass braucht oder einen Aufhänger. Weil es keinen Platz gibt, oder weil die Redaktionen… Na ja, das Übliche halt, was man Sachzwänge nennt und was sonst noch dazu führt, dass auch der bessere Tageszeitungsjournalismus so normiert ist, wie er nun mal ist.

Man muss wissen: Damals waren wir gerade bei der Fußball-WM 1998, wo wir den besten Fußball der Welt sahen (Brasilien - Niederlande in Marseille) und leider auch weniger guten (von der deutschen Mannschaft). Wir erlebten, wie er medial verwaltet wurde, wenn ein durchaus kompetenter Fußball-Reporter in der Heimredaktion anrief, um sich sagen zu lassen, wie „das Spiel denn so im Fernsehen ʼrüberkommt" und entsprechend seine Sicht der Dinge darlegte.

In einer Pariser Dachkammerwohnung folgten nächtelange Debatten. Das Ergebnis in aller Kürze: Wir wollten mehr. Also keine verkrusteten Standardsituationen der Sprache und des Denkens. Aber auch keine postlinke Verklemmung mehr, die sich darin ausdrückte, aus der Distanz lustig zu sein oder über doofe Fußballer zu spotten. Auch out: das ewige politische Analogisieren. Am allerschlimmsten: zu verklären, was man selbst nie gesehen hat (vor allem: Netzer). So entstand das Projekt „taz-Kolumnen" und wurde ab Oktober 1998 in die Tat umgesetzt.

Autoren waren neben Christoph Biermann, Basketballnational-spieler Henning Harnisch, Schalke-Profi Yves Eigenrauch, Tita-nic-Autor Albert Hefele und ich als betreuender Redakteur.

Die New School sollte dem Sportjournalismus etwas Neues hinzufügen. Als Kontrapunkt zur Unterhaltungsmaschine Sport sollte sie zeigen, dass lustig sein, auch intelligent genutzt werden kann. New School hieß damals und heißt auch heute noch, eine angemessene und unverkrampfte Ernsthaftigkeit dem Gegen-stand und seinen Protagonisten gegenüber zu finden, die auf hoher fachlicher Kompetenz basiert. Das meint auch: hingehen, mit den Leuten reden, ohne sich gemein zu machen. Dann weg-gehen und etwas Neues schreiben, was respektvoll ist, aber nicht affirmativ. Es soll weder zynisch sein noch nicht auf Ballhöhe, wie es die meisten Feuilletonisten sind.

Tja, was soll man sagen: Christoph Biermanns Berichte aus Fußballland haben einige neue Türen gefunden und aufge-macht. Weil er – weit über die immer noch erscheinende Ko-lumne hinaus – einiges macht, was sonst keiner macht. Zum ei-nen habe ich das Allerinteressanteste zum Fußballpersonal häu-fig gerade in den Geschichten gefunden, in denen er scheinbar harmlos über die Umstände eines Gesprächs mit Rudi Völler, ei-nes Kneipenabends mit Ewald Lienen oder einem Videostudium im Trainerzimmer von Volker Finke plaudert. Manchmal auch, ohne Namen zu nennen.

Zum zweiten: Bei diesen kleinen Geschichtchen handelt es sich nicht um die gefürchteten, hundertmal so oder so ähnlich erzählten Fußball-Anekdoten, wo der eine Spieler aus dem Fens-ter schaut und dem anderen erzählt, dass es nach Regen aussieht – und schließlich ein WM-Gewinn dabei herauskommt. Es sind Geschichten oder Betrachtungen, die über das scheinbar Banale hinausweisen, weil man mehr über Fußball und/oder eine spe-zielle Diskussion oder Person erfährt als in dreißig Standard-texten. Zum dritten: Welcher Sportjournalist outet sich schon öffentlich als Fan eines Klubs? Keiner, außer ihm. Christoph Biermann ist nicht nur Fan des VfL Bochum und sieht wie dessen zeitweiliger Torhüter aus – er erzählt auch noch mit ehrlicher, aber selbstreflektierender Begeisterung darüber. Dieses Buch heißt „Meine Tage als Spitzenreiter", weil der VfL Bochum 2002 doch wirklich mal Spitzenreiter der Bundesliga war und sein Autor es kaum fassen konnte. So etwas aufzuschreiben, erweitert das Spektrum der Fußballgeschichten ebenfalls, denn es versöhnt Fanzines und „richtigen" Journalismus miteinander.

Umwerfend komisch ist das Ganze übrigens auch noch. Wem das jetzt alles ein bisschen übertrieben scheint, der soll mal lesen, wie Christoph Biermann praktisch daneben sitzt, als der Chefredakteur einer deutschen Fußballfachzeitschrift am Ende des WM-Finales 1998 zu seinem für die Benotung zuständigen Untergebenen sagt: „Manni, Ronaldo doch nur 5,5!" Man muss sich das vorstellen: Der beste Fußballer jener WM und seiner Generation – und er kriegt nicht einmal 'ne glatte Fünf. Vom Chef von Manni! Was steckt da nicht alles drin? Wo hat man denn so etwas schon gelesen? Ich habe ja nun einiges studiert. Aber so weit es Fußball betrifft, ist das die Geschichte und der Satz, an den ich mich auf dem Totenbett noch erinnern werde. Auch dafür danke, Christoph.

Peter Unfried, Berlin im März 2004

Peter Unfried ist stellvertretender Chefredakteur der „tageszeitung" (taz)

Staunen

„Im Sozialismus, an den ich glaube, arbeitet
jeder für den anderen und alle bekommen
einen Teil des Gewinns. So sehe ich Fußball,
so sehe ich das Leben."
Bill Shankly

„Jeder sein eigener Fußball"
Dadaistischer Slogan

Herr Rudi

Als Rudi Völler und ich Platz nahmen, wäre es mir fast herausgerutscht, obwohl ich mich so darauf konzentriert hatte. Aber vielleicht lag genau darin das Problem. Jedenfalls konnte ich erst im letzten Moment verhindern, ihn mit „Herr Rudi" anzusprechen. Einerseits ist niemand so wenig „Herr Völler" wie Rudi Völler, sondern eben Rudi oder gleich „Ruuudi", doch selbst wenn er der letzte Mensch ist, der es irgendwie unpassend findet, wenn man ihn duzt, sollte doch die Form gewahrt werden, und da heißt es eben „Guten Tag, Herr Völler".

Es war lange vor seiner legendären Mist-und-Käse-Beschwerde über Delling und Netzer, als wir uns zum Interview trafen. Teamchef war Völler damals schon und Liebling der Nation, aber noch nicht Finalist der Weltmeisterschaft gewesen. Es sollte in unserem Gespräch darum gehen, wie sich durch seine Aufgabe das Leben verändert hatte. Kein Problem das zu diskutieren, denn Rudi Völler ist ein wirklich netter Typ, der alles brav mitmacht und jede Frage beantwortet, die man ihm stellt. Sie darf auch dumm sein, da ist er nicht böse und nachtragend schon gar nicht. Einmal hatte er mich angeraunzt, auf dem Rasen des Sportparks Unterhaching, als Bayer Leverkusen gerade zwanzig Minuten zuvor die Deutsche Meisterschaft vergurkt hatte, und ich weiß nicht mehr, wie meine Frage genau war, aber der damalige Sportdirektor polterte darauf so etwas wie: „Was soll denn das, Sie wissen doch sowieso schon, was Sie daraus machen wollen, da lasse ich mich gar nicht provozieren." Als er eine Stunde später noch immer etwas zusammengesunken am Pfeiler einer Säule der Abfertigungshalle des Münchner Flughafens stand, raffte er sich aber schon wieder auf, klopfte mir freundlich auf die Schulter und sagte, dass er es nicht so gemeint und die Enttäuschung da mitgespielt hätte usw. usf. Rudi Völler ist bei allem Jähzorn eben *Nicest Man in Football Business.*

Man darf ihm also alle Fragen stellen, auch welche, die blöd sind oder gemein oder sonst was. Auf eine interessante Antwort sollte man deshalb jedoch nicht hoffen. Denn Völler hat das wunderbare Talent, Nebelwände des Ungefähren aufsteigen zu lassen, dass man sich hinterher fragt, wie er das wieder hingekriegt hat. Einer seiner besten Tricks ist es, über „Dinge" zu sprechen. In knapp einer Dreiviertelstunde erzählte er mir mehrfach von „gewissen Dingen", „bestimmten Dingen", „taktischen Dingen" und schließlich noch „anderen Dingen". Das hört sich geheimnisvoll an und bleibt es auch. Denn worin diese Dinge bestehen, wird man ihm selbst durch eifrigste Nachfrage nicht entreißen können.

Außerdem redet Rudi Völler, wie alle Unbestimmtheitsfanatiker, über sich nie als „ich", sondern wo immer es geht als „man". Damit wird die persönliche Erfahrung ins Allgemeine gehoben, denn nicht etwa „ich" habe etwas erlebt und daraus meine Schlüsse gezogen, sondern „man" kennt das schließlich. Das bindet den Zuhörer prima ein, der am Ende glaubt, ähnliche Erfahrungen wie Herr Rudi gemacht zu haben. Ebenfalls vermag er, ohne mit der Wimper zu zucken, Sätze zu sagen, die selbst auf dem Allgemeinplatz noch für zu allgemein gehalten würden. „Es ist nicht alles Sonnenschein", ist einer und „Es ist nicht alles Gold, was glänzt", ein anderer. Doch Rudi Völler spricht sie mit einer solchen Entschlossenheit aus, wobei er die Stirn nachdenklich in Falten legt, dass man denkt, er hätte wohl verdammt Recht damit.

Irgendwann gab ich die Fragerei auf, und als er mich verabschiedete, klopfte mir Rudi Völler wieder mal freundlich auf die Schulter, bedankte sich und sagte: „Bleiben Sie gesund." Das war natürlich sehr nett, im Weggehen musste ich aber doch noch stöhnen: „Es ist schon verdammt schwierig, ein Interview mit

Ihnen zu machen." Augenblicklich war Völler höchst alarmiert, und mit großer Besorgnis fragte er: „Hatten Sie etwa Schwierigkeiten, einen Termin zu bekommen?" Nein, da konnte ich ihn sofort beruhigen, das mit dem Termin hatte wunderbar geklappt. „Aber Sie sagen halt sehr wenig." Um es nicht zu unhöflich klingen zu lassen, schloss ich eilig die These an, dass darin vielleicht ein Grund für seine Popularität zu finden wäre. Rudi Völler schüttelte nachdenklich den Kopf hin und her: „Manchmal würde man gerne schon etwas deutlicher werden." Wohl wahr, und man freute sich darüber, als er es wurde.

Saufen mit Ewald L.

Es begann mit einem Sieg des SC Freiburg im Dortmunder Westfalenstadion, nach dem meine Freunde und Kollegen Uli und Christoph auf der Rückreise bester Dinge in Köln eintrafen und zur Feier des schönen Erfolges unbedingt noch ein Bier trinken gehen wollten. Mit Andreas Rettig, dem damaligen Manager des Sportclub, hatten sie sich verabredet, und angesichts der damals noch problematischen Sperrstunde fiel die Wahl auf eine dunkle Spelunke, die den aufs Wesentliche skelettierten Namen „Durst" trägt. Wir nannten Rettig den Ort, und als er um eine Wegbeschreibung bat, gab er das Telefon weiter an seinen Gastgeber, der ihn an der Kneipe abzusetzen versprochen hatte. Es handelte sich zu unserer Verblüffung um Ewald L., den damaligen Trainer des 1. FC Köln, bei dem Rettig kurz Station gemacht hatte. Ich beschrieb ihm den Weg, und nur wenige Minuten später flog die Tür der Schankwirtschaft auf. Rettig rief uns zu, wir sollten doch mal auf die Straße kommen.

Dort saß der Trainer hinter dem Lenkrad seines komplett restaurierten und wirklich sehr schönen Buckel-Volvo. Mit kindlichem Stolz wies er auf allerlei hübsche Details des Oldtimers hin und forderte uns zu dem Beifall auf, den Rettig offensichtlich nicht spenden wollte. Brav zollten wir das Lob, und dann lud ich ihn ein, doch mit uns in die Kneipe zu kommen. Nicht ohne den spöttischen Hinweis, er könne dort auch eine Apfelschorle trinken. Denn eigentlich kann man sich kaum einen unpassenderen Ort als das „Durst" für den Trainer vorstellen, der auch gerne mal ungefragt gesundheitliche Umerziehungskonzepte anbietet. In diesem Loch trinken die Menschen stoisch ihre Biere, rauchen filterlose Zigaretten und lassen sich auch von den Pogues oder Neil Young, die in respektabler Lautstärke durch den Laden dröhnen, nicht weiter aus der Fassungslosigkeit bringen.

Es fand sich ein Parkplatz direkt vor der Tür, und Ewald L. betrat wirklich den finstren Ort. Selbst, dass seine Begleiter eifrig vor sich herpafften, provozierte ihn nicht zu einem Widerwort. Heiter plaudernd tischte er vielmehr hübsche Anekdoten aus alten Zeiten auf und wurde immer gelöster. Interessiert stellte er Nachfragen zu den Geschichten, die andere erzählten, und schien glücklich, etwas Abstand zur damals schon prekären Situation seines Klubs zu finden. Er war herzallerliebst, doch hielten wir den Atem an, als Ewald L. sich tatsächlich ein Kölsch bestellte.

Auch der Wirt der Kneipe machte den Eindruck, als hätte er eine Marienerscheinung. Nicht nur, dass der von den Fans damals „Heiliger Ewald" genannte Coach überhaupt seinen unwürdigen Laden betreten hatte, sondern nun auch noch ein Glas Kölsch in der Hand hielt und daraus trank, war ungeheuerlich. Irgendwann im Laufe der folgenden Stunden kam sogar noch ein zweites Bier hinzu, und ich weiß nicht mehr, ob wir das nun anmerkten oder Ewald L. selbst darauf zu sprechen kam. Jedenfalls sagte er, dass er in seinen damals schon über zwei Jahren in Köln genau drei Kölsch getrunken hatte. Bei zweien waren wir Zeugen. „Das andere habe ich bei der Aufstiegsfeier getrunken – aber nicht ausgetrunken."

Da waren wir selbstverständlich ein wenig stolz, dabei zu sein, als Ewald L. so mächtig am Käfig der Selbstkasteiung gerüttelt und sein freundlichstes Gesicht gezeigt hatte. Weil wir von diesem heiteren Überschwang erfasst waren, nahmen wir auch gerne seine Einladung zur Fahrt im Volvo an, obwohl es doch bis Nachhause nur wenige Schritte waren. Wir lobten noch einmal aus vollem Herzen das schöne Auto und verabschiedeten uns mit den gegenseitig besten Wünschen. Doch als wir uns zur Nacht betteten, waren wir nicht mehr ganz sicher, ob wir das alles wirklich erlebt hatten.

Der Hunde-Rehmer

Man sollte dieses Duzen nicht persönlich nehmen, wenn Hans Meyer einen mit seinen großen, kräftigen Händen anschubst und sagt: „Ich will dir jetzt mal eine Geschichte erzählen." Das hat er sich während seiner Zeit als Trainer in Holland angewöhnt, und so spricht er seitdem eigentlich jeden an, außer er will ganz förmlich sein. Aber das ist er jetzt nicht mehr. Das Interview ist nämlich vorbei, der Rekorder längst ausgestellt, und der Mann mit der Neigung zu schwarzem Humor plaudert noch ein wenig über die Nationalmannschaft.

Hans Meyer hat fast drei Jahrzehnte lang Fußballmannschaften betreut. Die längste Zeit in einem Land, das es nicht mehr gibt. Irgendwann sagt er, dass sie keine Geschichte mehr haben, die Leute aus diesem Land. Seine Pokalsiege und Vizemeisterschaften mit dem kleinen FC Carl-Zeiss aus Jena haben sich verflüchtigt. Genau wie der Tag, an dem er mit ihnen im Finale des Europapokals der Cupsieger stand. Aber über das Verschwinden dieser Historie will er nicht reden, weil es ihn nicht interessiert, sagt er.

Er will vielmehr von Marko Rehmer erzählen, dem Verteidiger von Hertha BSC mit einer Karriere in der Nationalmannschaft. „Das ist so eine Geschichte, wie ihr die immer in der Sylvester-Ausgabe eurer Zeitungen habt", sagt Meyer, schüttelt den Kopf und legt sich zurück. Damals, bereits nach der Wende, betreute er die Mannschaft von Union Berlin. Zwei Spiele waren in der damaligen Regionalliga Nordost noch zu absolvieren, und in der vorletzten Partie der Saison bei Rot-Weiß Erfurt musste Union unbedingt gewinnen, um Jena am letzten Spieltag noch abfangen, dadurch Meister werden und in die zweite Liga aufsteigen zu können.

„Am Samstagmorgen um neun Uhr saßen wir im Mannschaftsbus und wollten losfahren, als einer merkte, dass der Markus Rehmer fehlt." Hans Meyer ist ein guter Geschichtenerzähler, und vielleicht ist es daher ein kleiner Kniff, eine bewusste Gemeinheit, dass er Rehmer stets „Markus" statt „Marko" nennt. Sie saßen also in ihrem Mannschaftsbus und warteten zwei, drei, vier Minuten auf ihren Verteidiger. „Nach fünf Minuten haben wir zu telefonieren angefangen, aber der Markus war nicht zu erreichen." Da sahen sie, wie aus der hinteren Ecke des Stadions wild gestikulierend der Platzwart angelaufen kam. „Herr Meyer, der Rehmer hat gerade angerufen und lässt sich entschuldigen", sagte der. „Er kann heute nicht mitspielen, der Hund seiner Freundin ist weggelaufen."

Weil Hans Meyer ein wirklich guter Geschichtenerzähler ist, guckt er ganz ernst, während ich laut lospruste, und erklärt dann noch genüsslich, wie gerne er selbst Hunde mag. Am Tag, als Marko Rehmer den Hund seiner Freundin suchte, spielte Union in Erfurt Null zu Null und verpasste damit die Chance auf den Aufstieg. „Aber wahrscheinlich hätten wir mit Rehmer auch nicht gewonnen", sagt Meyer. Als er abends wieder zu Hause war, klingelte bei ihm das Telefon, und Hundesucher Rehmer war am Apparat. „Trainer, zwei Dinge. Erst mal das Wichtigste: Der Hund ist wieder da. Und dann wollte ich mich bei Ihnen noch dafür bedanken, dass Sie so viel Verständnis gezeigt haben." Hans Meyer sagte nichts und legte auf.

Jahre später saß er vorm Fernseher und schaute sich ein Spiel der deutschen Nationalmannschaft an. Marko Rehmer war zum ersten Mal dabei. Meyer machte seine Frau darauf aufmerksam, und sie erinnerte sich sofort: „Ach, der Hunde-Rehmer."

So ging es mir von nun an auch. Ich konnte Marko Rehmer nie mehr Fußballspielen sehen, ohne gleich „Hunde-Rehmer" zu denken. Und an den Geschichtenerzähler mit der verlorenen Geschichte.

Ein ganz anderer Profi

Niemand möchte gerne missverstanden werden, und Yves Eigenrauch macht sich auch seine Gedanken darum, vielleicht falsch rüberzukommen. Weshalb er etwas enttäuscht war, dass ich unser Gespräch eher als Interview präsentieren wollte. Dann würde seiner Darstellung doch mehr Platz eingeräumt, versuchte ich ihn zu überzeugen. Nein, das gefiel ihm nicht. Er bevorzugt es, dass über ihn geschrieben wird. Wahrscheinlich, so dachte ich hinterher, weil dann die anderen eventuelle Missverständnisse zu verantworten haben. Und leicht zu verstehen ist er sowieso nicht. Wir sind sogar zu dem Schluss gekommen, dass er ein Rätsel ist. Er mir und er sich selbst auch.

Yves Eigenrauch hat in zehn Jahren 229 Bundesligaspiele für Schalke 04 gemacht und dabei zwei Tore geschossen. In zwei berühmten Europapokal-Spielen gegen Inter Mailand hat er den großen Ronaldo ausgeschaltet. Daher wurde er zur Nationalmannschaft eingeladen. Dort hat er sich bei einer Pressekonferenz von den Journalisten Fremdwörter erklären lassen und sie in eine Kladde geschrieben. Er hat die Taktikzeichnungen aus Mannschaftsbesprechungen seines Trainers künstlerisch bearbeitet, seltsam verwischte Fotos gemacht und schrieb eine mitunter rätselhafte Zeitungs-Kolumne. Er trägt eine auffallende Brille und Kleidung, die man im weitesten Sinne modisch nennen könnte. Er hat freundschaftliche Kontakte zur Schalker Fan-Initiative und engagiert sich gegen Rassismus im Fußball und anderswo. Er hat einen Knorpelschaden im Knie und kann inzwischen nicht mehr Fußball spielen.

Schön ist es, wenn man sich an die Fakten halten kann. Im Fall von Yves Eigenrauch schreien sie jedoch geradezu danach, interpretiert zu werden. Dabei entsteht zwangsläufig das

Bild vom anderen Profi. „Der andere Profi" ist die Projektionsfläche „des anderen Fußballfans", der davon träumt, dass auf dem Rasen einer herumläuft, der auf eine Weise anders ist, wie er selbst es auf den Rängen ist. Ein Kicker, der die gleichen Bücher liest, Musik hört, Dinge wahrnimmt und bewertet, also nicht nur die „Bild"-Zeitung liest, Billig-Techno hört, auf dicke Titten steht und Stefan Raab lustig findet, wie es der Nebenmann im Stadion tut.

Zweifellos ist Eigenrauch der andere Profi. Für Projektionen ist er jedoch ungeeignet, denn er ist der ganz andere Profi. Das fängt schon damit an, dass er nicht gerne über Fußball redet. Er hat auch nie gerne Fußball gespielt. Kicken im Training war ihm stets ein Spaß, der Rest zu aufregend, bedrängend und mit zu viel Verantwortung behängt. Er behauptet darüber hinaus immer noch, das Spiel nicht zu verstehen. Selbst, als er noch auf dem Platz gestanden hat, mochte er darüber keine Auskunft geben, weil er nur seinen Ausschnitt mitbekommen hätte. Und Ronaldo? Er hätte gar nicht gewusst, wer das war, behauptet er heute. Ich glaube ihm das inzwischen sogar. Womit es keinen Konsens zwischen diesem anderen Profi und dem anderen Fan geben kann. Denn auch der andere Fan träumt sich in die Fußballwelt hinein, die eben nur eine bessere sein soll. Der andere Profi soll dort sein Agent sein und ihm eine andere Innensicht liefern.

Mit Yves Eigenrauch ist das nie zu machen gewesen. Er mag sich nicht als Opfer eines repressiven Fußballschweinesystems sehen. Als romantische Künstlernatur etwa, der ein rigides Korsett von Regeln und Vorschriften seine Sensibilität auszuleben verbot. Auf dem Platz stand er sowieso eher in der Traditionslinie hart malochender Hauer oder Stahlkocher, was viel zu einer Popularität beitrug, die ihn eher irritiert und mitunter verlegen macht. Er sagt, dass er ein kauziger Außenseiter in seiner Mannschaft war. Seine Kollegen dürften ihn kaum verstanden, aber gemocht haben. Sie kämpften um Jubel und Geld, Ruhm und Anerkennung. Und er? Er war mittendrin und nicht dabei. Aber ist das wirklich so schwer zu verstehen?

Löffelchen und die Jockeherteria

Meine Freundin Moni ist durch einen freundlichen Kollegen beim Kassen- und Steueramt der Stadt Duisburg in den Besitz der dort angelegten Liste ausgewählter Hunderassen gekommen. In der Schreibweise, wie sie von den Bürgern angemeldet wurden. Es ist eine sehr lustige Auflistung, die mit unübersehbar großer Begeisterung zusammengetragen worden ist.

Auf diese Weise habe ich von der Popularität des Yorkshire Terriers in der Stadt mit dem größten Binnenhafen Europas erfahren. Vielerlei wurde auf dem Anmeldevordruck im Kästchen „Rasse" eingetragen, wenn er gemeint war. „Yorkcher" etwa oder noch genauer „York Sher Terrierer", außerdem „Yorkscher Derier" und „Yorktierer" oder „Jockeherteria". Der Umgang mit dieser Hunderasse scheint in Duisburg einen wahren Kreativitätsschub ausgelöst zu haben. Auch und gerade dann, wenn darauf abgehoben wird, dass der angemeldete Terrier nicht rasserein ist: „Jorgscha-Westteria mischling" ist so ein phantastischer Bastard. Doch selbst das ist noch steigerungsfähig, wie der „Yorki Pikinese" beweist und vor allem der „Jockraschterrieria mit Puddel drin (Mischling)".

Kein Wunder, dass die Buchstaben zu tanzen beginnen, wenn man Hunde mit ausländischen Namen anzumelden hat, könnte man nun vielleicht denken. Die Schwierigkeiten mit dem „Cow Cow", der keinesfalls ein Kuhhund ist, sondern der Sorte mit der lila Zunge entspringt, mag das belegen. An anderer Stelle heißt er zumindest onomatopoetisch korrekt „Schau-Schau". In diesem Sinne frei assoziiert ist auch der „Golden Red Riwer", der folglich kein retrievender Apportierhund mehr ist, sondern im roten Fluss seine Pfoten nass badet. Neben dem Hund, den sie „Pieknese" nennen?

Lassie ist auch unvergessen, als „Kolly Schafer Hund". Aber die Hundeanmelder im Duisburger Rathaus stolpern nicht allein über ausländische Sprachen. Oder was soll ein „Rotweiler" sein und ein „Deutscheschäfer"? Ja, gar ein „schafer-Mischling"? Ein scharfer Mischling, ein Schäferhundmischling?

Und dann gibt es noch einen Hund, dessen Geheimnis zu entschlüsseln nicht jedem auf Anhieb gelingt. Ich jedenfalls vermochte mit dem so genannten „Zesa Hund" überhaupt nichts anzufangen. Mit ins Trudeln geratener Orthografie allein hat das nichts zu tun, erst längeres Nachdenken und lautes Vorsprechen des Namens führt einen schließlich auf die richtige Spur: Hier ist der „Cesar Hund" gemeint. Das war ein kleiner Fiffi aus der Fernsehwerbung, der zum Kauf des gleichnamigen Feinschmecker-Hundefutters anregen sollte. In Wirklichkeit handelt es sich um einen Westhighland Terrier, was im schönen Duisburg bestimmt noch ungeahnte Schreibweisen eröffnet.

In dieser Stadt aufgewachsen ist übrigens der Fußballtrainer Christoph Daum, womit auf ziemlich durchsichtige Weise gerade noch die Überleitung von Hunden zu Fußball gefunden und trotzdem der Etikettenschwindel eingestanden ist, dass es hier darum nicht wirklich geht. Doch zu den stets in süffisantem Ton erzählten Details der Affäre um den Freizeitkokser gehört es, dass seine Lebensgefährtin, die Musicalsängerin und Schauspielerin Angelika Camm, in die Lebensgemeinschaft der beiden einen weißen Pudel namens „Löffelchen" eingebracht hat. Dass dieser Umstand so lustig gefunden wird, liegt einerseits daran, dass man für das weiße Pulver Löffelchen benutzt und der kleine Vierbeiner andererseits so gar nicht zum wuchtig daher schwadronierenden Daum passt. Wie „Löffelchen" beim Steueramt angemeldet wurde, ist allerdings nicht bekannt.

Lob der Angst

Die Anekdote mit dem FC Wimbledon kannte Christian Hochstätter nicht, aber der Manager von Borussia Mönchengladbach lächelt, während ich sie ihm erzähle, und hat dann eine Geschichte parat, die noch besser ist. Als wir in seinem Büro unter den Erinnerungswimpeln großer Spiele sitzen, ist Hochstätter der seltsame Unterton der beiden Geschichten durchaus bewusst ist, und doch lächelt er.

Ich hatte ihm erzählt, wie der FC Wimbledon als Aufsteiger in England vor vielen Jahren zum ersten Mal beim FC Liverpool antreten musste. Damals hatte der Klub ein Team, das „Crazy Gang" genannt wurde, weil es so wild, unberechenbar und knüppelhart spielte. Obwohl ohne Tradition und große Gefolgschaft, wollten sie sich von niemandem beeindrucken lassen, auch vom großen FC Liverpool nicht. Als sie dort durch den Spielertunnel liefen, wo ein Schild über den Köpfen der Profis jeden Gast einschüchternd daran erinnerte, „This is Anfield", spuckten sie im Vorbeigehen darauf – und gewannen das Spiel.

Auch Hochstätter erzählt vom Weg zum Platz, allerdings im Stadion Santiago Bernabeu von Madrid. Borussia Mönchengladbach hatte 1985 in der dritten Runde des Uefa-Cup das Hinspiel gegen Real mit 5:1 gewonnen, Thomas Krisp dabei seinen Gegenspieler angespuckt, der hatte zurückgespuckt und war vom Platz gestellt worden. Provokateur Krisp jedoch nicht, und das sollten die Borussen im Rückspiel zu spüren bekommen. Als der Schiedsrichter pfiff, kamen die Borussen zuerst in den Spielertunnel des Bernabeu-Stadions, der durch einen Zaun in der Mitte geteilt ist. Dann sprang die Tür zur Kabine von Real Madrid auf, und unter großem Geschrei stürzten die Spieler an den Trennzaun, schrien und spuckten die Gladbacher an. Der kleine Verteidiger Juanito deutete immer wieder auf Krisp und zog demonstrativ den Zeigefinger an seiner Kehle entlang. Erschrocken wichen die Gladbacher Profis an die Wand zurück. „In diesem Moment hatten wir das Spiel verloren", sagt Hochstätter. 4:0 siegte Real und kam eine Runde weiter, „aber wenn sie sechs Tore hätten schießen müssen, wäre ihnen das auch gelungen."

Man muss nicht unbedingt Vergnügen an Anekdoten haben, die dem Tierreich entlehnt scheinen, wo Vögel rote Kehlsäcke vorzeigen oder Menschenaffen auf der Brust herumtrommeln, um Rivalen zu vertreiben. Aber wer weiß, wie es vor fast zwei Jahrzehnten ausgegangen wäre, hätten die Borussen zurückgespuckt.

Hochstätter erzählt dann noch, wie er als junger, hungriger und unerfahrener Spieler an den Bökelberg kam. Damals wollte er gleich in einer der ersten Trainingseinheiten zum Schuss ansetzen. Ein toller Schuss sollte das werden, er konnte den Ball schon in den Winkel fliegen sehen, als er ausholte – und schreiend liegen blieb. Hochstätter war am Schussbein getroffen worden und es tat so weh, dass ihm Tränen die Wangen herunterliefen. Die Schwellung war groß wie ein Taubenei, und vier Wochen Verletzungspause standen bevor. Doch während Hochstätter dort lag, sagte ihm sein Mannschaftskamerad Wilfried Hannes, der so grob gefoult hatte, er müsse immer den Blick oben halten, dann würde er solchen Attacken ausweichen können. Nach dieser Schule des Schmerzes ist ihm das nie wieder passiert.

Dann reden wir noch darüber, dass jede Mannschaft eigentlich ihre Bösewichter braucht, die bereit sind, dem Gegner weh zu tun. Wir sprechen über ein demonstratives Foul von Effenberg an Beckham und wissen, dass wir uns mit dem Lob von Angst und Schrecken auf gefährlichem Terrain bewegen. Später fällt mir ein, wie mir Hans Tilkowski mal erzählt hat, dass sich bei den Lokalderbys der fünfziger Jahre zwischen Westfalia Herne und dem SV Sodingen fast immer irgendein Spieler das Bein gebrochen hat. Von Angst davor hat Tilkowski nicht gesprochen, aber er hat gelächelt.

Wie der große Ronaldo einmal nicht versetzt wurde

Das größte Spiel des Jahres 1998, darüber lässt sich nicht debattieren, weil es das schon per Definition sein musste, war das WM-Endspiel zwischen Brasilien und Frankreich im Stade de France. Ohne vorher zu ahnen, welchen besonderen Höhepunkt ich dort erleben würde, verschlug mich an jenem 12. Juli in Paris ein gütiges Schicksal in die Sitznachbarschaft der Kollegen einer großen Fachzeitschrift für das Fußballwesen. Dichtgedrängt saßen sie zu viert auf gerade einmal zwei Plätzen, da sie offensichtlich von einer ungnädigen Akkreditierungsmaschinerie über die Pressetribüne verteilt worden waren. Also rückten sie zusammen, weil sie beisammen bleiben mussten, wie mir im Laufe der historischen neunzig Minuten klar wurde.

An das Spiel selber muss sicherlich nicht erinnert werden, in dem ein eigentlich stürmerloses Frankreich die, wie ich fand, beste Mannschaft des Turniers mit 3:0 überrollte. Noch immer sind nicht alle Geheimnisse offenbar, die sich hinter dem rätselhaften Zusammenbruch des großen Ronaldo verbergen, des besten Spielers der Welt, hinter seiner Untersuchung im Krankenhaus, verspäteten Fahrt ins Stadion und seinem oder einem fremden Entschluss, doch zu spielen. Ein großes und für Brasilien trauriges Endspiel war das, mit dem Sturz eines Titanen.

Während das Drama seinen Lauf nahm, arbeiteten die Fachkollegen in der Reihe vor mir unter Hochdruck. Sie hatten nicht das Glück eines Andrucktermins, der es ihnen ermöglichte, genüsslich reflektierend zuzuschauen, um erst am nächsten Morgen eine wohldurchdachte Exegese des Geschehenen abliefern zu müssen. Hier musste es hurtig gehen.

Bald aber hatten die vier trotz aller Widernisse der mobilen Telekommunikation den ersten Teil ihrer Arbeit geleistet und nahmen sich nun den Part vor, dem sie begeistert ihre ganze Kennerschaft schenkten. Ihr Anführer, ein groß gewachsener, schlanker Mann mit eisgrauem Haar, dem breiteren Publikum als faszinierender Alleswisser beim sonntäglichen Fernsehfußballschwatz bekannt, eröffnete die Runde. Er nannte Namen und Zahlen, und die anderen taten es ihm nach.

Noch war weit über eine halbe Stunde zu spielen, doch vor mir summte bereits ein Bienenkorb von Zahlen und Namen, Namen und Zahlen. Jeder Spieler sollte seine Note bekommen, und gerecht sollte sie sein. Deshalb hatte sich die Fachzeitschrift sogar die Möglichkeit geschaffen, zwischen einer 2 und einer 2,5 fein zu unterscheiden. Im größten Spiel des Jahres musste dieser Benotung selbstverständlich besondere Aufmerksamkeit zukommen, das war klar. Eine zu leicht vergebene 1,5 für Desailly, wo es am Ende vielleicht doch besser eine 2 hätte sein müssen, würde die Leserschaft kaum verzeihen. Also wurden die Spielerzeugnisse ständig nachjustiert, jeder überzeugende Sprint und jeder verstolperte Ball konnte für die besten Spieler der Welt Notensprünge oder -stürze bedeuten.

Irgendwann war endlich Sicherheit in der Notengebung erreicht, es waren auch nur noch wenige Minuten zu spielen. Da drehte sich der Eisgraue, der Anführer, der seine Untergebenen mit Härte zu leiten versteht, und sagte zu dem Kollegen, der Kontakt zur Redaktion hielt: „Manni, Ronaldo doch nur 5,5!"

Ein Schlussakkord und ein grausames Verdikt: Ronaldo nur 5,5. Die zweitschlechteste Note, die möglich ist, die in einer ganzen Bundesligasaison vielleicht ein Dutzend Mal vergeben wird. Ein Debakel, das Ende. Mir stockte der Atem, und ich verstehe nicht, warum nicht augenblicklich das Spiel, ja die ganze Welt anhielt und sich alle Augen jenem Platz zuwandten, an dem dieses Urteil ausgesprochen wurde.

In diesem Moment des Jahres gingen mir tausend Gedanken durch den Kopf, aber vor allem der: Ronaldo hatte die Versetzung nicht geschafft, er würde in die Fußballgrundschule zurückkehren müssen, bis er irgendwann erneut würde vorspielen dürfen. Es würde schwer für ihn werden, dachte ich damals. Und wenn ich es mir recht überlege, hat es ewig gedauert, bis er sich davon erholt hatte.

Fernweh

„Die Brasilianer sind ja auch alle
technisch serviert."
Andreas Brehme

Das Schwarze Meer ist blau und weiß

Wir sind die Beklopptesten der Bekloppten. Auch wenn man uns das am 18. September 1997 morgens um sieben Uhr auf dem Flughafen in Köln nicht ansieht. Da gehört unsere graugesichtige Gruppe eher zu den Müdesten der Müden. Wir haben 629 Mark für einen Tagesausflug bezahlt, werden gleich in ein Flugzeug steigen, ungefähr vier Stunden lang nach Trabzon fliegen, irgendwo hinten rechts in der Türkei, dort ein Fußballspiel anschauen und dann wieder nach Hause zurückfliegen. Das wird verdichtete Erfahrung.

Es geht zu einem historischen Termin: Unser VfL Bochum spielt zum ersten Mal im Europapokal. Und verdammt, wir fahren nach Kaiserslautern, Bremen oder Stuttgart. Wir waren in Meppen, Mainz und Mannheim. Da können wir doch heute nicht fehlen. Allerdings bemerkt der freundliche Herr im Duty-free-Shop ganz zu Recht, dass wir etwas deprimiert wirken. Schließlich warten im fernen Trabzon der flinke Angreifer Abdullah, der wendige Misse-Misse und im Stadion ein Hexenkessel auf uns. Während unsere Jungs zur Zeit doch ziemlich herumgurken.

Aber es gibt Zeichen. Vom Flugsteig nebenan geht noch eine Pilgerreise – nach Lourdes. Vor der Drogerie werden graue Mäuse (VfL Bochum!) verkauft, im europablauen Kittel mit gelben Sternen (UEFA-Cup!) und Zauberstab (Zaubermaus Dariusz Wosz!). Das richtige Maskottchen aber ist Holger Aden, unser ehemaliger Mittelstürmer, der leider viel zu früh Sport-invalide wurde und heute Fanartikel beim VfL verkauft. Holger sieht etwas angegriffen aus, er hatte wohl schon ein Bier zum Frühstück.

Mit ihm sind wir 143 Pilger in ungewisser Mission, fast nur Männer, in der Regel um die 30 Jahre alt. Menschen, die seit ewigen Zeiten ihr Schicksal an den VfL Bochum gekettet haben. Das verbindet die Witzbolde vom Commando Bochum mit den Hooligans von Bo-City (freundliche Selbsteinschätzung: „multi-kriminell") oder den Jungs vom Fanklub Hordel. Bis eine Stunde vor Trabzon reicht es trotzdem nur zu müder Auswärts-fahrtroutine: Bier und Kartenspielen. Erst dann wird etwas ge-sungen, schöne Unsinnslyrik vor allem: „Das Schwarze Meer ist blau und weiß", und noch alberner: „Türkylmaz, Trabzonspor, Galatasaray / Döner Kebab, scheißegal / Bochum ist dabei".

Als wir in Trabzon in die Busse steigen, steigert unser Reise-leiter die Vorfreude auf „eine der langweiligsten Städte, die es gibt". Weshalb wir auch umstandslos zu einem Restaurant am Berg über der Stadt verfrachtet werden. Auf der Fahrt winken uns die Menschen begeistert zu. Oben angekommen, stürzt einer aus unserer Gruppe über die Brüstung den Berg gleich wieder ein Stück hinunter und sieht danach sehr verbeult aus. Gut, dass Al-kohol narkotisierende Wirkung hat. Ein kleines internes Rauf-händel wird schnell geschlichtet, dann setzen sich Kleingruppen in Richtung Stadtzentrum ab. Auf dem Weg dorthin lächeln wir mit den Einheimischen um die Wette. Es lebe die Völkerverstän-digung! Jeder Zweite am Wegesrand weist uns darauf hin, dass wir heute „besch" Gegentore kassieren werden: Fünf zu Null.

Nachdem wir zum dreihundertsten Mal den „besch"-Zei-gern freundlich zugewunken haben – wir sind schließlich Bot-schafter unseres Landes –, müssen wir zum Stadion. Eine Hun-dertschaft Soldaten mit Helmen, Schilden und Gewehren be-wacht uns, und an den Eingängen werden Feuerzeuge und Kleingeld einkassiert. Ansonsten ist das Stadion eine Parodie auf alle Sicherheits- und Service-Doktrin der internationalen Fuß-ballverbände. Ein Teil der gut 600 Bochumer Anhänger wird über wackelige Bretter auf eine Art Tribüne geführt. Wir stehen in der Kurve hinter dem Tor, wo die Stufen halbmeterhoch sind und die Toiletten der dunkelste Jauchekübel der Stadt.

Rechts neben der Anzeigetafel zeichnet sich die Silhouette eines Minaretts ab. Endlich, nach all den Jahren, sind wir im Europapokal angekommen. Der gefürchtete Hexenkessel ist die Stadionbaustelle zum Glück nicht. Schon gar nicht, als Henryk Baluszinski bald nach dem Anpfiff das Europapokaltor für die Bochumer Geschichtsbücher schießt. Dann allerdings quält uns der Hami mit seinen Dribblings und Torschüssen. Trabzonspor spielt toll in der Offensive und hinten schludrig. Das sorgt für eine schöne Halbzeit mit Chancen auf beiden Seiten, aber leider auch zwei Toren für die Gastgeber. Wir fallen in die eingeübten Muster des Jammerns und Stöhnens zurück. Fan zu sein, ist eben eine Garantie für Leiden – der Europapokal ist nur die Luxus-Variante davon.

In der Innenstadt geht die erneute Begegnung der Kulturen beinahe etwas daneben. Freundlich winkend bewerfen uns Trabzon-Fans mit China-Krachern. Sie scheinen das nett zu meinen. Wir ziehen uns in eine Bierbar zurück, um unser Völkerverständigungsprogramm unter weniger missverständlichen Umständen fortzusetzen. Im Fernsehen läuft ein Fußballspiel, bei dem immerzu Shampooflaschen ins Bild eingeblendet werden, und der Herr am Nebentisch legt seine Zeigefinger aneinander. So eng und freundschaftlich stehen Deutschland und die Türkei Seite an Seite. Klare Sache, ich bringe ihm Zuprosten bei. Aber schade, schon elf Uhr, wir müssen zum Flughafen, es geht wieder nach Hause. Kurz vor dem Einstieg ins Flugzeug besingen wir mit letzter Kraft noch einmal das Schwarze Meer und träumen dann davon, noch häufiger die Beklopptesten der Bekloppten sein zu dürfen.

Im Pool mit Südkorea

Die Mineralquellen von Yuseong geben der südkoreanischen Stadt Daejeon einen Hauch von Heilbad, der zumindest ein wenig den Eindruck radikaler Zweckmäßigkeit mildert. Inmitten der Schluchten aus unendlich vielen gleich aussehenden Hochhäusern, wie sie sich Rumäniens Conducator Ceausescu einst wahrscheinlich erträumt hat, sind die Quellen ein kleines Stück Traumwelt. In den Hotels von Yuseong, ganz in der Nähe des Stadions, gibt es schöne Thermalbäder mit unterschiedlichen Saunen, Whirlpools, Heiß- und Kaltwasserbecken.

Weil die Berichterstattung von einer Fußball-Weltmeisterschaft schwere Arbeit ist, bin ich ins Bad meines Hotels gegangen. Dort verbringt der Einheimische genüsslich seine Zeit, unterzieht sich einer beeindruckend gründlichen Körperreinigung, wobei die Zähne zehn Minuten gebürstet, die Haut mit einer dicken Schicht Seife überzogen und anschließend ausgiebig gerubbelt und geschrubbt wird. Von dieser Kontemplation kann den Koreaner nichts abhalten, außer dem Auftauchen eines Europäers. Um endlich zu klären, wie es denn um die Größe seiner Männlichkeit im internationalen Vergleich steht.

Geschaut, gespäht und gestarrt wird mir da in den Schritt, und bei der Beantwortung dieser für Männer in allen Kulturen zentralen Frage kann den Besucher des Badehauses nur die koreanische Nationalmannschaft unterbrechen. Nun ist auch die Vorstellung in Deutschland einigermaßen verblüffend, dass man in einer warmen Wanne liegt und plötzlich Oliver Kahn, Michael Ballack, von einigen Nationalmannschaftskollegen begleitet, unbekleidet den Raum betreten. In Korea hingegen führt schon die vage Aussicht auf die Begegnung mit einem Mitglied des real existierenden Korea Team Fighting zu atemloser Nachfrage. „Are you Guus Hiddink", werde ich im Dampfbad gefragt, auch wenn ich zehn Jahre jünger, zehn Kilo schwerer und zehn Zentimeter größer als der Holländer bin.

Unzweifelhaft wirkliche Nationalspieler sorgen daher für sofortige Ohnmachtsanfälle, die nur durch tosenden Applaus zu überspielen sind. Und so ist es, als Hong Myung-Bo und einige seiner Kollegen in unser Bad kommen.

Dabei hätte ich ihre Ankunft schon ahnen können, als wenige Minuten zuvor einer dieser Knopf-im-Ohr-Typen völlig bekleidet und ganz in Schwarz die Szenerie betreten hat. Offensichtlich überprüfte er die Sicherheitslage, denn nichts ist in den Tagen des großen Turniers in Korea schützenswerter als die Mannschaft von Guus Hiddink. Deshalb ist das Hotel Spapia auch der wahrscheinlich zur Zeit bestbewachte Ort des Landes. An jeder Ecke stehen diese unglaublich unauffälligen Männer mit ihrer Fernsteuerung hinter der Ohrmuschel, der Sonnenbrille und den anderen Zutaten, die sie sich aus amerikanischen Action-Filmen abgeschaut haben.

Sie mögen sich auch fühlen wie Bruce Willis, doch in Wirklichkeit ist ihr Leben von trauriger Eintönigkeit. Tag und Nacht sitzen sie im elften oder 15. Stockwerk und wachen über die Aufzugtüren. Geht eine auf, springen sie auf, murmeln etwas, drehen sich einmal im Kreis wie traurige Tiger im Zoo und sinken wieder in den Sessel zurück. Nicht einmal Tageslicht sehen sie, weshalb es ihre Kollegen vom Sicherheitscheck am Eingang viel besser haben. Mit Metalldetektoren, auf denen in leuchtend gelben Buchstaben „Scanner" steht, durchsuchen sie die Hotelgäste. Wenn es piept, weil Kleingeld in der Hosen- oder ein Brillenetui in der Jackentasche ist, nicken sie höflich und winken einen durch. Offensichtlich piepen Messer, Revolver und Handgranaten irgendwie anders.

Schließlich gibt es noch die Fußtruppen unserer Geheimagenten, Sicherheitsoffiziere und Bodyguards. Sie tragen Uniform, schmucke Käppis, lange Schlagstöcke und teilen sich die Arbeit auf. Die einen legen den Straßenverkehr vor dem Hotel lahm, die anderen bilden plötzlich unter lautem Geschrei eine geordnete Formation in Viererreihen. Wie von einem Magneten angezogen, surren sie dazu aus allen Ecken zusammen und schützen den Hoteleingang vor möglichen Invasoren. Oder sperren in einem langen Kordon, Mann an Mann, den Weg vom Hotelflur zur Sauna ab. Eine kleine Verbindungsbrücke zwischen Haupt- und Nebengebäude ist da zu sichern, unter der die größte Gefahr lauert. Junge Mädchen im Zustand fortgeschrittener Hysterie haben dort Aufstellung genommen, einen kurzen Anblick der Jungs ihrer Träume zu erhaschen. Sie kreischen und seufzen, jubeln und weinen. In ihrer Verzweiflung haben sie schon den Mannschaftsbus mit Sehnsuchtsbotschaften vollgekritzelt. Das Leben in der Pubertät ist auch in Korea nicht leicht. Weshalb ich den Mädchen besser nicht erzähle, was ich von ihren Boygroup-Fußballern in der Sauna gesehen habe.

Liebe in Afrika

Nichts geht über einen guten Reisegefährten, und einen besseren als Edi könnte ich mir kaum denken. Zumal wir auf der Suche nach dem schönen Spiel bis nach Mali ins tiefste Afrika gefahren waren, was besondere Anstrengungen mit sich brachte. Doch wunderbar austariert war unsere Rollenverteilung, die im Grunde der von „guter Bulle – böser Bulle" folgte, wobei ich der Finsterling war, der die Dinge energisch humorlos anpackte, während Edi das Land stets weicher und nachsichtiger durchschritt.

Als er sich etwa mit dem Fotoapparat in die Jubelfeiern stürzte, nachdem Mali das Viertelfinale der Afrikameisterschaft erreicht hatte, wurde mein Kompagnon von allen Seiten begeistert bestürmt. Die Menschen hier rissen sich nämlich um unsere Adressen, damit wir Brieffreunde werden konnten. Einer aber wollte mehr. „Kauf mir 'ne Cola", sagte der Rastafari im Bob-Marley-Shirt zu Edi, der die braune Brause im nahe gelegenen Restaurant holen sollte, wo ich mich vom harten Tag bereits erholte. Weil Edi ein so zartes Herz hat, gab er dem frechen Zottel so viel Geld, dass der sich einen ganzen Kasten Cola kaufen konnte. Auf dem Rückweg zum Hotel konnte ich Edi zumindest noch davor bewahren, dass er auch noch die Reise eines jungen Mannes zu seinem Vater ins ferne Mopti bezahlte.

In Taxis war er stets bereit, das während der Fahrt erhöhte Beförderungsentgelt wirklich zu entrichten oder beim rätselhaften Mangel an Wechselgeld einfach darauf zu verzichten. Er zeigte sich offen für alle und alles, sogar den Amöben erlaubte er eine Passage durch seine Eingeweide. Selbst die nächtlichen Exzesse beim Versuch eine Verbindung zum Internet herzustellen, ertrug er so tapfer, als wollte er den schwarzen Kontinent mit buddhistischem Gleichmut erfüllen. Wobei es mich doch mit Sorge erfüllte, dass er seine Vitamintabletten schließlich mit Whiskey herunterspülte.

Nur einmal regte sich sein Widerstand. Als Edi auf Anordnung des Pressesprechers des afrikanischen Fußballverbandes von zwei Soldaten vom Spielfeldrand abgeführt wurde, beschimpfte er die Ordnungshüter. „Ihr Würste", rief er, allerdings auf Deutsch und nicht Bambara oder Französisch. Trotzdem war das ein Akt tapferer Resistance, der nach all den Tagen des Duldens wohl einfach nötig war, um das seelische Gleichgewicht wiederherzustellen.

Denn meist saß er noch bis tief in der Nacht an dem kleinen Swimming Pool unseres Hotels, um seine Reisenotizen niederzuschreiben. Er rauchte dabei viel zu viele Zigaretten, trank Bier und schaute sinnierend in den sternenklaren Himmel. Während ich herzloser Weise oft längst schlafen gegangen war, stand ihm nur noch Baba bei, der kugellustige Portier des Hotels, der Edis Getränke längst ohne Bestellung nachreichte. Dies stille Treiben wurde manchmal unterbrochen, wenn Flughunde ins Wasser fielen, die der einsame Autor mit klopfendem Herzen rettete.

In einer unserer letzten Nächte schlich sich die schöne Mai Saranga an den verlassen arbeitenden Late-Night-Texter heran. Wir kannten sie als geduldige Begleiterin eines Spielervermittlers aus Frankreich, der nun aber offensichtlich abgereist war. Mai trat nur in ein Handtuch gehüllt an Edi heran, dessen Gesicht vom Bildschirm seines Laptops leicht angeleuchtet wurde, und sagte zu ihm: „You always work, you like earn money – I love you." So wunderbar verdichtet ist der Zusammenhang zwischen Arbeit, Geld und Liebe wohl selten hergestellt worden. Dazu riss Mai ihr Handtuch einen Moment weg, und Edi bekam zur endgültigen Bekräftigung ein Zettelchen zugesteckt, auf dem gleich zwei Handynummern von Mai notiert waren.

Ich aber hatte leider den schönsten Moment des Jahres verschlafen, was am nächsten Tag auch nicht dadurch aufzuwiegen war, dass uns Frank, der südafrikanische Scout von Manchester United, herbeirief, damit wir im Kolonialstil die neue Hotelangestellte begafften. Die junge Frau aus Burkina Faso war von wahrhaft überirdischer Schönheit, aber als Frank verkündete, dass sie „first class" und „top of the pile" wäre, war die Zeit gekommen, mit roten Ohren die Koffer zu packen und darauf zu hoffen, dass es im nächsten Jahr irgendwo anders wieder genauso schön wird.

Das beste Publikum der Welt

Selbst wenn es nur wenige Minuten bis zum Anpfiff sind, das Stadion noch den Zuschauern allein gehört und an der Anfield Road dem viele Jahrzehnte alten Ritual folgend, „You'll never walk alone" gespielt wird, ist es zum Kulturpessimismus nicht weit. Ich mochte es nicht glauben, nachdem ich miterlebt hatte, wie sich die Zweiundvierzigtausend von ihren Sitzen erheben und das einstige Musical-Stück in einen Choral verwandeln, dem man eine religiöse Tiefe nicht absprechen kann; doch auch Liverpool hat die Globalisierung des Fußballs eingeholt und damit jene Fragen, die sich überall stellen, weil die proletarisch dominierte Fußballkultur längst in der Zeit der neuen Fußball-märkte angekommen ist.

Nicht nur in Dortmund oder Schalke, auch um den FC Liverpool gibt es seit Jahren eine heftig geführte Diskussion, ob die einst tief empfundene Hingabe an den Klub nicht längst einer Konsumentenhaltung bei Teilen des Publikums gewichen ist. Schnöde Erfolgsfans, die womöglich noch aus der Ferne herbeigekarrt wurden, wie zu einem Musical. Wie soll da jene Intensität erstehen, die Liverpool berühmt gemacht hatte, als auf dem Kop die Gesänge zum Fußball erfunden wurden? Damals, als auf der größten Stehtribüne Europas 24.000 Fans zu einer Wand aus Leibern wurden, bereit zu jeder Passion und Ekstase.

Nein, so ist das heute an der Anfield Road nicht mehr. Der Kop ist eine schnöde Sitztribüne mit einem McDonalds-Restaurant, das Stadion ein relativ uncharmanter Ort mit viel Wellblech an den Innenwänden der Tribünen und der Aura einer Werkshalle. Und doch kann man hier etwas erleben wie nirgends sonst, auch wenn es nicht das Erwartete ist. In der Arena Auf Schalke geht es zweifellos lauter zu und in den Stadien am

Rio de la Plata mag ausdauernder gesungen werden. Lokalderbys in Rom produzieren mehr Hysterie, und das dunkle Grollen beim Zusammentreffen der Rangers und Celtic in Glasgow ist wohl nirgends so zu erleben.

Man muss etwas genauer aufpassen, um zu verstehen, was das Publikum an der Anfield Road so besonders macht. Sicherlich gehört auch die Etikette dazu, das eigene Team nie auszupfeifen und bei einer Niederlage dem Gegner Respekt zu zollen. Doch die wirkliche Sensation liegt jenseits davon. Etwa in dem Moment, als John Arne Riise im Mittelfeld über den Ball tritt und sich deshalb dem Gegner eine Gelegenheit zum Gegenangriff ergibt. Keine dramatische Gefahr droht, aber wer ein gutes Auge hat und Fußball kennt, riecht die Bedrohung. So geht ein erschrecktes Aufstöhnen durchs Stadion, wie ich es noch nie gehört habe. Die Zweiundvierzigtausend reagieren sofort und auf die gleiche Weise, so dass dieser seltsame Laut zwischen Seufzen und Stöhnen aus einem Mund zu kommen scheint.

Das zeigt, wie tief konzentriert das Publikum dem Spiel gefolgt ist und dass es die Situation sofort erkannt hat. Solch kollektive Konzentration und Kennerschaft ist beeindruckender als es jeder noch so hohe Lärmpegel hätte sein können und sagt mehr über die Bedeutung, die Fußball in diesem Stadion zugebilligt wird als jedes noch so inbrünstige Intonieren der Vereinshymne. Liverpools französischer Trainer Gerard Houllier, der zugleich ein Fan des Klubs und der Stadt ist, hat einmal darauf hingewiesen, dass die Anfield Road gelegentlich lacht. Er meinte nicht das Lachen von Besuchern, die sich auf der Tribüne einen Witz erzählen, sondern das gemeinsames Lachen von Tausenden, die eine komische Situation auf dem Rasen zugleich erkannt haben.

Vielleicht war das Fußballerlebnis an der Anfield Road einst größer und stiftete mehr lokale Identität, als man an der Merseyside die Begeisterung noch nicht mit Fans aus Südengland oder Japan teilen musste. Zweifellos bitter ist es, dass sich viele Anhänger heute keine Eintrittskarten mehr leisten können. Doch geblieben ist ein Publikum von einer Expertenschaft, wie man sie nur an großen Häusern erlebt, das zugleich tief loyal ist und nicht so verwöhnt reagiert wie etwa in Barcelona oder Madrid. Ein besseres wird man kaum finden.

Billy Idol in Liechtenstein

Frank heißt Niedlich, was ihm etwas Unrecht tut, denn mit seinen fast zwei Metern Länge und dem wild abstehenden blondierten Punkschopf, der an Billy Idol erinnert – was im weiteren Verlauf dieser Geschichte noch eine Rolle spielen wird – mag er wie ein sanfter Riese wirken, ist aber nicht eigentlich niedlich zu nennen. Frank arbeitet bei einer Plattenfirma und führt ein interessant kosmopolitische Leben, seine Wohnung ist in London, er pendelt aber wie selbstverständlich zwischen den Metropolen der Welt. Weil er überdies sehr charmant ist, umgeben ihn stets nur die schönsten Frauen, selbst eine Moderatorin von MTV hat ihm zwischendurch ihr Herz geschenkt.

Die Annahme, dass Frank eine überdrehte Popnudel sein könnte, hat aber nichts mit der Wahrheit zu tun. In Wirklichkeit ist er immer noch ein Düsseldorfer Jung und als solcher seiner Fortuna in der Fremde treu geblieben, was zugegeben etwas leichter ist als daheim. Zur Stärkung und Festigung seiner Fußballleidenschaft hat Frank einen englischen Chef, der des Nachts in Kneipen nicht nur Wagner-Arien zu singen weiß, sondern auch eine Jahreskarte für die Spiele von Celtic Glasgow besitzt und so oft es geht der irischen Nationalmannschaft nachreist. Und dazu hat er Frank oft eingeladen, auch nach Vaduz.

Von London nach München waren sie damals geflogen und dann per Mietwagen weiter nach Liechtenstein gereist, wo ein ordentliches Durcheinander herrschte, weil mehrere Tausend Iren ihrer Mannschaft zum Spiel in der EM-Qualifikation gefolgt waren. So kamen sie zu spät ins Nationalstadion des Fürstentums, das eher die Größe einer Bezirkssportanlage hat. Zudem war die Sache auf dem Rasen bereits nach einer guten halben Stunde entschieden. Das ist natürlich gut, denn wer will schon spannende

Spiele gegen Liechtenstein, aber die in ihrer Mehrzahl ordentlich betrunkenen irischen Fans begannen sich zu langweilen. Nicht ganz überraschend fiel ihnen der riesengroße Typ mit der blondierten Punkfrisur im rot-weißen Trikot von Fortuna Düsseldorf auf, und schon bald sangen die ersten, und dann viele Fans sehr laut: „There's only one Billy Idol". Bald sprach sich herum, dass der Typ aus einem Ort namens Düsseldorf in Deutschland kommen würde, und schon waren allerlei Sprechchöre zu hören, in denen das komische Wort „Düsseldorf" vorkam.

Zu diesem Zeitpunkt saß ein Freund von Frank in einem Irish Pub in New York und schaute sich zur Frühstückszeit das Spiel über Satellit im Fernsehen an. Weshalb er ihm später erzählen konnte, dass Frank es an jenem Tag zu weltweitem Ruhm brachte. Irgendwann hatte ihn nämlich die Kamera eingefangen und der Kommentator begeistert gerufen: „Das muss er sein. Sie singen über ihn." An jenem Tag in Vaduz stieg Frank also zum Helden der irischen Supporter auf, was ihm auf weiteren Reisen mit dem irischen Team und zu den Spielen von Celtic viele Freibiere einbrachte. Wenn Frank wieder einmal im rot-weißen Trikot seiner Fortuna und den blonden Haaren auftauchte, brach stets irgendeine Gruppe von Fans vor ausgelassener Wiedererkennungsfreude ins „There's only one Billy Idol" aus.

Doch aller Ruhm ist flüchtig, zumal Franks Fußballreisen seltener wurden, weil in der bunten Welt des Pop schwer geschuftet werden muss. So reiste er 1999 nur noch zu einem Spiel. Auch in Barcelona kam Frank erst im Stadion Nou Camp an, als Mario Basler das Führungstor der Bayern bereits erzielt hatte. Aus der Kurve der Manchester-Fans schaute er sich den Rest des Finales der Champions League an und entschied sich kurz vor Schluss, Bier zu holen, um dem Andrang nach Abpfiff zu entgehen. Als Frank zurückkam, hatte er ein Bier in der Hand und beim Spiel des Jahres alle drei Tore verpasst. Seitdem ist er nicht mehr ins Stadion gegangen.

Top Five der trostlosesten Auswärtsfahrten

Ein Motiv in Nick Hornbys Roman „High Fidelity" ist die endlose Produktion von Listen durch die Protagonisten, die ihr Leben in einem muffigen Secondhand-Plattengeschäft im Norden Londons fristen. Vor allem stellen sie dort Hitparaden von Musikstücken nach den obskursten Vorgaben auf, etwa die der fünf besten ersten Stücke auf einer ersten LP-Seite. Das lappt sogar ins wirkliche Leben über, wenn der Held der Geschichte „Die Top Five seiner unvergesslichsten Trennungen" auflistet.

Ziemlich kranke Sache das, aber für Mitglieder der Hornby-Generation, die ebenfalls einen Teil ihrer Jugend in Plattengeschäften verbracht haben, wo Pierre Bourdieu die seltsamen Unterformen underground-bürgerlicher Geschmacksdistinktionen hätte untersuchen können, ist das keine so ungewöhnliche Sache. Erstaunlich ist nur, dass Hornby seine Leidenschaften Fußball und Pop nicht miteinander vermischt hat und etwa „Top Five der besten Fußballspiele für die einsame Insel" aufgestellt hat. Wobei man das Thema sowohl akademisch als auch autobiographisch angehen könnte.

War also das Halbfinale bei der WM '98 zwischen Holland und Brasilien das beste Spiel aller Zeiten, oder sollte man nur solche Partien einbeziehen, bei denen man selbst im Stadion war, ihren sportlichen Gehalt außen vor lassen, um sich ganz den damit verbundenen biografischen Untiefen hinzugeben, was dann am Ende die Idee von „Fever Pitch" ist, Nick Hornbys letztlich doch viel besserem ersten Buch?

Als Zwischenlösung würde ich gerne meine „Top Five der trostlosesten Auswärtsfahrten" vorstellen, wobei hier der Faktor aus aufgewendeter Lebenszeit ohne emotionalen Gegenwert außer Frustration als Maßstab angelegt ist.

1.   VfL Bochum - Schalke 04, 1976

Wird wegen Stadionumbaus in Dortmund ausgetragen und produziert einen Totalstau. Im Auto schwillt das Knie, das nachmittags beim Wiesenkick verdreht wurde. Ankunft zur Halbzeitpause. Kein Einlass, Knie längst monströs. Am nächsten Tag in Krankenhaus zum Abpumpen dreckigen Blutes. Zwei Wochen ins Bett und Bein hoch legen.

2.   Schwarz-Weiß Essen - Westfalia Herne, 1978

Achtelfinale im DFB-Pokal. Zwischen den damaligen Zweitligisten passierte zwei Stunden lang nichts, außer dem stillen Erfrieren der Zehen an den Füßen der Zuschauer in den zerklüfteten Weiten des Grugastadions. Das langweiligste Spiel aller Zeiten, dessen Wiederholung an einem Mittwochnachmittag vor 300 Zuschauern stattfindet. Westfalia verliert 0:1 und verpasst in der nächsten Runde den Meister 1. FC Köln.

3.   VfB Stuttgart - VfL Bochum, ca. 1994

Morgens schmerzt der Zahn, kurzer Eingriff beim für Notfälle zuständigen Arzt, innerer Ruck und Sprint zum Hauptbahnhof. Ankunft im Neckarstadion zwei Minuten vor Anpfiff, zehn Minuten später 2:0 für Stuttgart, Endstand noch höher. Stadion vorzeitig verlassen, Zug trotzdem verpasst, Rückkehr 22 Uhr.

4.   1. FC Köln - VfL Bochum, 1981

In Köln gibt es nie was! Doch heute! Nein! Doch! Im inneren Dialog gewinnt die falsche Seite. Tritt vors Schienbein am Gästeblock. Gerade frisch erfundene Hooligans stellen sich zu den Bochumern und hauen sie dann zusammen. Rechtzeitige Flucht gelingt, Sieg nicht. Niederlage, wie immer.

5.   St. Pauli - VfL Bochum, ca. 1989

Busfahrt mit einem Fanklub, der „Autokonvoi" heißt und die totale Freakshow ist. Die Verlobte meines Nebenmanns arbeitet in der Peepshow. Er schickt seine Freunde, um sie auf weitergehende Käuflichkeit zu testen. Haut später dem Besoffski nebenan das angekündigte „Muster in die Brille". Ein Papa fummelt verdächtig an seiner Tochter rum, und der Bus ist zu spät am Stadion. Eine Rückfahrt gibt es auch noch, sie dauert Tage.

Das ist nur die Spitze des Eisbergs, in dem noch die Erinnerungen an Lüdenscheid (die werfen mit Steinen) oder Essen (fünf Kilometer vom Stadion geparkt, um dem Stau zu entgehen) eingefroren sind. Nächste aufzustellende Liste: „Top Five der Bundesligaschiedsrichter aus seltsamen Orten". Sicher dabei: Schiedsrichter Niebagall aus Rammelsbach.

Leiden

„Man hetzt die Leute mit Tatsachen auf,
die nicht der Wahrheit entsprechen."
Toni Polster

„Es wäre verkehrt, jetzt Amok zu laufen."
Oliver Kahn

Pestilenz aus Plüsch

Es war eine wahrscheinlich tolle Idee, die Klaus Hilpert hatte, nur vorzeigen wollte er sie nicht. Der richtige Moment wäre noch nicht gekommen, erklärte mir der damalige Manager des VfL Bochum, der schon den Claim „professioneller Familienklub" für seinen Arbeitgeber erfunden hatte. Der Moment war wahrscheinlich deshalb nicht richtig, weil der VfL Bochum gerade im Abstiegskampf oder mal wieder abgestiegen war – man kommt bei dem ganzen Auf und Ab des letzten Jahrzehnts mit dem Erinnern immer etwas durcheinander. Jedenfalls war Hilpert irgendwann verschwunden, um später bei Rot-Weiß Oberhausen und dann Fortuna Köln („ein professioneller Familienklub") wieder aufzutauchen, ohne dass die Blaue Maus jemals aus seiner Schublade hervorgekrochen wäre.

Besser ist das, denn so ist der VfL Bochum bis heute ohne Maskottchen, und was könnte man Löblicheres über einen Fußballverein sagen. Wie eine Springflut des Irrsinns sind Maskottchen über den Fußball gekommen. Hennes VII. vom 1. FC Köln sei hier ausdrücklich ausgenommen, handelt es sich doch um einen real existierenden Geißbock. Die wahre Pestilenz ist aus Plüsch oder Pappmaché und hüpft während der Spiele blöd herum, um sich anschließend winkend und dumm grinsend bei Interviews ins Bild zu schummeln. Dabei sind die Maskottchen so schlecht ausgedacht, dass sich wahrscheinlich selbst die Zielgruppe der Fünf- bis Siebenjährigen beleidigt fühlt. Warum etwa gibt es beim VfB Stuttgart das Krokodil „Fritzle"? Leben diese Großreptilien im Neckar? Dass bei den Löwen in München ein Löwe herumläuft und bei den Zebras des MSV Duisburg ein Zebra, geschenkt. Beeindruckend ist allerdings die Indolenz bei „Herthinho", dem Maskottchen von Hertha BSC. „Herthinho" soll brasilianisches Flair nahe legen, und das hat sich bestimmt eine Top-Werbeagentur ausgedacht. Die sollte nun schnell mal in Wolfsburg anrufen, wo man „Wölfi" infolge der großen Zahl argentinischer Spieler dringend überarbeiten müsste. Die Vorschläge „Wolgaucho" und „Wolfaucho" seien hiermit kostenfrei zur Verfügung gestellt.

Der Herthinho-Darsteller übrigens tritt gerne zurück, gibt also keine Interviews, damit man nicht ihn, sondern das Maskottchen wahrnimmt. Das Werk soll größer als der Mensch dahinter sein. Die richtige Einstellung ist das, sie überwiegt aber nicht durchgehend. Immer häufiger werden Maskottchen nicht nur zur Bedrohung für die geistige Verfassung des Publikums, sondern für den Spielbetrieb. Nachdem vor Jahren der „Grotifant" in der Krefelder Grotenburg Kampfbahn suspendiert werden musste, weil er den Linienrichter attackiert hatte, geschah im letzten Winter bei Union Berlin Ähnliches. Dort lief „Ritter Eisenbart" nach einem Treffer für die Gastgeber auf den Platz, um den Torschützen zu umarmen. Wahrscheinlich hatte er ähnliche Probleme wie „Kumpel Erwin" bei Schalke 04, in dessen Kopf ein Ventilator für Belüftung sorgt, bei dem die Batterien aber nach einer Stunde schon leer sind und die Gefahr größter Hitzköpfigkeit besteht.

In Wirklichkeit kann sich jeder Verein glücklich schätzen, der von einem Maskottchen verschont geblieben ist. Werder Bremen etwa, wo die Möwe „Werdi" (wer denkt sich so was eigentlich aus?) genauso davonflatterte wie die „Hummel" beim Hamburger SV. Auf dieses Insekt waren Monster des Maskottchenwesens wegen des hamburgischen „Hummel, hummel, mors, mors" gekommen. Wohin das alles führen kann, zeigt ein trauriges Beispiel von jenseits der Grenzen. Das irrwitzigste Maskottchen aller Zeiten habe ich vor einigen Jahren in Belgien (wo sonst?) gesehen – bei Eendracht Aalst. Dieses Wesen war offensichtlich das Produkt eines LSD-Trips, denn anders war die

Mischung aus Teekesselchen und Blumenzwiebel mit Zügen eines Aliens im Raumfahrtanzug nicht zu erklären. Lange hielt der Klub dieser Belastung nicht stand und wurde 2001 in die dritte Liga zurückversetzt. Wer weiß, was dem VfL Bochum ohne die Blaue Maus alles erspart geblieben ist.

Schrei der Krähen

An einem Sonntagmorgen im Jahr nach dem Fall von Ceausescu nahm mich Bogdan zu einem Spiel der zweiten rumänischen Liga mit. Die Mannschaft von Autobuzul Bukarest spielte, der Werksklub einer Fabrik für Omnibusse. Gut dreitausend Zuschauer saßen auf den Stahlrohrtribünen des Stadions in der milden Herbstsonne und aßen Sonnenblumenkerne. Geschickt sprengten sie mit ihren Zähnen die Schale und spuckten sie aus.

Ich hatte Bogdan zu Hause abgeholt. Er wohnte direkt gegenüber dem nicht fertiggestellten Palast der Republik in einem Haus, das den großflächigen Abrissen für das neue Bukarest nicht zum Opfer gefallen war. Es würden keine Bagger mehr kommen, Ceausescu war tot, und Soldaten bewachten die stillgelegte Baustelle. Am Tag zuvor hatten wir einen Aufpasser mit Zigaretten bestochen und waren in den Palast gegangen. Die weiten Treppenhäuser waren aus Marmor, mächtige Kristallleuchter hingen von der Decke, feinste Holzvertäfelungen zierten die Wände in den riesigen Sälen, nur die Fenster fehlten noch. Alle Wirtschaftskraft des Landes steckte in diesem Gebäude, das die Größe Rumäniens beweisen sollte. Elf unterschiedlich hohe Stockwerke hatte der Palast, von oben hätte Ceausescu auf den Platz der Republik hinabschauen können, die behauptete Mitte Rumäniens, und auf die Prachtalleen, die an die Champs-Élysées in Paris erinnern sollten.

Bogdan hatte wenig dazu gesagt, als hätte dieser hier greifbare Wahnsinn nur eine ferne Bedeutung. Er war Anfang 20 und irritierte mich sowieso. Der blasse Junge mit der Körpersprache eines Schattens trug lange schwarze Haare und T-Shirts von Heavy Metal Bands, die Carcass oder Napalm Death heißen. Er studierte in Bukarest, der Stadt, wo seine körperliche Existenz stattfand. Sein eigentliches Leben jedoch lebte er in England, ange-schlossen über sein Radio und den World Service der BBC.

Bogdan hatte einen Anstecker von Charlton Athletics an seiner Lederjacke und wusste mehr über den Londoner Fuß-ballverein, als man im Herbst 1990 in Bukarest eigentlich da-rüber wissen konnte. Eifrig zählte er Namen von Torschützen auf und erinnerte an Spiele eines Klubs, den er nie gesehen hatte. Bogdan wusste zudem selbst kleinste Orte in England den richtigen Grafschaften zuzuordnen. Er liebte das Land seiner Träume auch wegen der Queen, denn Bogdan war Mon-archist. Er glaubte, dass die Rückkehr des Königs Rumänien retten würde.

Seine Mannschaft in Rumänien war Politehnica Temesvar, aus der Stadt im Norden Rumäniens, wo der Sturz Ceausescus seinen Anfang nahm. In allen Ländern Osteuropas gab es Klubs, die nicht von mächtigen staatlichen Organisationen unterstützt wurden, der Armee oder dem Innenministerium. Einige dieser Vereine errangen eine Art Dissidenten-Status, weil in deren Sta-dien gegen die Großen protestiert wurde. Auch in Temesvar rie-fen die Zuschauer „Räuber, Räuber", wenn Dinamo und Steaua kamen. Weil die Gegner Spieler und Siege stahlen.

Nun saß ich mit dem seltsamen Hardrock-Monarchisten auf der Tribüne eines rumänischen Zweitligisten, umgeben von Menschen, die Sonnenblumenkerne aßen und seltsame Geräu-sche machten. In der gegnerischen Mannschaft spielte ein gro-ßer, kräftiger, schwarzhaariger und dunkelhäutiger Stürmer. Im-mer wenn er am Ball war, begannen die Zuschauer eine Art lau-tes Krächzen. Was sollte das? „Zigeuner werden bei uns Krähen genannt, und sie machen das Geschrei der Krähen nach", sagte Bogdan.

Auch Bogdan mochte Zigeuner nicht sonderlich, und als er zwei Jahre später endlich nach England kam, störten ihn die Schwarzen auf der Straße. Er konnte nicht verstehen, dass sich seine Freunde als Linke bezeichnen. Links war doch Ceausescu. Es irritierte ihn, dass sie Heavy Metal nicht als Musik der Rebellion gelten lassen wollten. Beim Fußball war es einfacher. Als Bogdan zùm ersten Mal Charlton Athletics spielen sah, überreichte ihm der Mannschaftskapitän vor dem Anstoß ein Trikot. Die Zuschauer applaudierten, und ein Foto von Bogdan erschien in der Lokalzeitung.

Warum der Hund, der Friedel Rausch in den Arsch biss, Recht hatte

Manchmal würde ich gerne Wiglaf Droste sein oder auch Jürgen Roth, also über jenen Beißreflex und die Kieferkraft verfügen, mit der diese Meister des parteilichen Wortes nach all den Bösewichtern und Arschgesichtern schnappen, die unsere Welt zu einem solch anstrengenden Ort machen. Dann würde es hier ganz anders zur Sache gehen, und am Ende gäbe es vielleicht noch eine Beleidigungsklage. Etwa von Friedel Rausch.

Der war vor Jahren Trainer des 1. FC Nürnberg, eines Klubs, der sich immer noch „Der Club" nennt und einen Präsidenten hat, der wahrscheinlich auch gerne „Der Präsident" genannt würde. Michael A. Roth wird in den abgelegenen Regionen nahe des ehemaligen Ostblocks stets als Retter des von Lügnern und Betrügern in den Fast-Konkurs getriebenen so genannten Clubs gefeiert. Deshalb darf er allerlei Unsinn veranstalten und dabei nussknackerhaft gucken, als könne er mit schnellen raspelnden Bewegungen seines Kiefers eine Tischplatte durchbeißen. Doch nicht um diesen Teppich-Totalitaristen soll es hier gehen, sondern um den von ihm dereinst bestallten Trainer Friedel Rausch.

Der kommt aus dem Ruhrgebiet, wo er sich mit diesem schulterklopfenden „Ich bin einer von euch" bewaffnet hat, mit dem er überall auftritt. Passend dazu war es der Höhepunkt seiner Spielerkarriere, dass ihm irgendwann in den sechziger Jahren in Dortmund ein Schäferhund in den Arsch gebissen hat. Davon gibt es auch ein Foto, über das alle lachen, am lautesten bestimmt der Friedel Rausch selber. Einen Hund hatte er übrigens selbst. Der spielte immer eine Rolle, wenn der Trainer sich mal menschlich zeigen wollte. Dann redete er von seinem Hund, seiner Frau oder seiner Schwiegermutter und brachte sie gerne auch in Fernsehstudios mit. Schließlich wusste der Friedel, wo Gefühle hingehören, nämlich in die Öffentlichkeit. Besonders wenn man einen neuen Vertrag braucht. Außerdem hatte er ein bisschen nahe am Wasser gebaut, wie wir im Ruhrgebiet sagen, und heulte im richtigen Moment los oder wischte sich auch mal Tränen weg, die es gar nicht gab. Der Friedel wusste, wie das Spielchen geht.

Die Fans von Borussia Mönchengladbach, diese, es tut mir Leid sagen zu müssen (Droste und Roth würden sich nie entschuldigen), in diesem Fall kompletten Dummköpfe, hatten ihn in Verkennung aller Tatsachen trotzdem gefeiert. Als besten Mann der Welt sogar, weil sie ihn für einen der Ihren hielten. Dabei hatte der Mann seinen Anteil am ersten Abstieg ihrer Borussia aus der Bundesliga. Das war den Verantwortlichen am Bökelberg hinterher so peinlich, dass sie sich nie trauten, laut darüber zu sprechen. Denn Rausch hatte zwar in der Vorsaison noch die Rettung in letzter Minute geschafft, aber dann wurden sie ihn nicht mehr los. In der Folge gab es eine Saisonplanung in Agonie, Spielereinkauf per Zufallsgenerator, und prompt war alles bereit fürs spätere Desaster.

Das könnte einem egal sein und man sich einfach darüber amüsieren, dass Rausch im späten Spätherbst seiner Karriere noch einen ahnungslosen Teppich-Tycoon gefunden hatte, der ihm seinen Club genannten Klub anvertraute. Sollte er doch seinen gähnend langweiligen Fußball kicken lassen, der eigentlich nicht unter Abstieg bestraft werden dürfte und dessen Qualität Günther Koch, die Wahrheit sprechende Stimme des FCN, schon bald hochbedenklich fand. Und sollte der alte Haudegen doch seine Spieler anraunzen, dass sie schießen wie Schwule. Wenn da nicht diese extrem lächerliche Von-Schalke-nach-Chamonix-Sonnenbrille gewesen wäre, mit der Friedel Rausch unser Auge beleidigte und fraglos bewies, dass der Hund von Dortmund doch Recht hatte.

Wunderwelt Syndesmose-Band

An einem Freitagnachmittag vor ungefähr 25 Jahren trat ich beim Kicken mit meinem rechten Fuß auf dem von uns „Hippenwiese" genannten Fußballplatz in ein Loch und verdrehte mir das Knie. Es schwoll so dick an, dass ich es kaum noch wiedererkannte, und am nächsten Morgen wurden mir im Krankenhaus drei dicke Spritzen dreckigen Bluts daraus abgezapft, was mir aber wenig ausmachte, denn es sah wirklich reichlich verbraucht aus.

Dieses erste Erlebnis in der Wunderwelt der Fußballverletzungen fand zu einer Zeit statt, in der ich noch stolz auf blutende Wunden und Löcher im Kopf war. Berufskicker brachen sich damals bestenfalls die Beine; es gab Pressschläge zwischen Vorstoppern und Mittelstürmern zu hören, die wie Testexplosionen neuer Sprengstoffmischungen knallten. Wer keine Schienbeinschoner trug, brach sich halt das Schienbein und manchmal noch das Wadenbein dazu. Das war roh, aber übersichtlich.

Seitdem ist die Zeit vorangeschritten, und die Sportmedizin hat ständig neue Teile im Körper der Fußballspieler gefunden, die beschädigt werden können. Zuerst war es der Meniskus, von dem man zur Freude der Chirurgen problemlos Stücke abschneiden konnte, um die Funktion des Knies wiederherzustellen. Muskeln hatten die Spieler zwar schon lange, vielleicht auch „Zerrungen", aber erst später konnte ein „Muskelfaserriss" diagnostiziert werden und erst lange Zeit danach seinen großen Bruder, der „Muskelbündelriss".

Wenn die Geschichte der Menstruation eine Geschichte voller Missverständnisse ist, wie uns die Werbung weismachen will, ist die der Fußballverletzung eine ihrer rückhaltlosen Aufklärung. „Leistenbrüche" hatte es schon immer gegeben, aber erst in den achtziger Jahren wurde die Leiste „weich". Ob sie danach nicht mehr brach, weiß ich nicht. In den neunziger Jahren entdeckten die Mediziner bei den Kickern die „Patella-Sehne", welche anschließend oft gereizt war. Wenn es ganz schlimm kam, wuchs sich die Sache gar zu einem „Patellaspitzen-Syndrom" aus. Zugleich laborierten viele Spieler trotz der Entmilitarisierung des Fußballs an einer „Schultereckgelenks-Sprengung", der Lieblingsverletzung meines Freundes Uli, der dabei immer von Pioniertrupps der Bundeswehr phantasiert. Als letzter Neuzugang galt lange das „Syndesmose-Band", das man sich sowohl reißen als auch zerren kann.

Wie aus heiterem Himmel tauchte jedoch plötzlich der „Ermüdungsbruch" auf, den man sich besonders gern im Mittelfuß zuzieht. Womit wir beim SC Freiburg wären, diesem notorisch „anderen" Fußballklub. Dort war man bald schon weiter und beäugte nachdenklich die „Stressreaktion im Mittelfuß", die dem Ermüdungsbruch vorausgeht. Verteidiger Kondé laborierte daran, außerdem kehrte eine Expedition in den Körper des Georgiers Zkitischvili mit der Diagnose zurück, dieser hätte eine „Absplitterung am Volkmannschen Dreieck". Wo immer das sein mag.

„Blutergüsse im Knie" gibt es selbstverständlich auch noch, und ich fand es damals eigentlich ziemlich prima, mir mit männlicher Schmerzverachtung dreckiges Blut abzapfen zu lassen. Außerdem genoss ich den Zustand, als Kranker zur Bettruhe verdonnert zu sein, wobei das vor allem einen exquisiten Service meiner Mutter bedeutete, ich zugleich aber nicht wirklich krank war, was Schlappheit und Verletzlichkeit bedeutet hätte, sondern Verletzter einer Fußballschlacht. Schade, dass davon keine Narbe geblieben ist, denn die Überreste schwarzer Asche im anderen Knie schaue ich mir noch heute mit einer gewissen Rührung an.

Das Rätsel von Effes Pfiffen

Ältere Leser werden sich daran erinnern, dass der bekannte Autor, Erotomane und Besitzer von Hitlers Tagebüchern, Stefan Effenberg, früher einmal Fußballspieler gewesen ist. Den jungen Menschen sei gesagt, dass Effenberg sogar ein sehr guter Kicker war, über den mir ein Bundesligaprofi – leider kann ich mich nicht mehr erinnern, wer es gewesen ist – einst erzählt hat, dass er während des Spiels auf dem Rasen pfeifen würde. So wie man Hunde herbeipfeift, ein Stöckchen zu apportieren, hatte Effenberg seinen Mannschaftskameraden beim FC Bayern das Signal gegeben, ihm dem Ball zuzuspielen, auf dass er ihn dann von seinem Feldherrenhügel im Mittelfeld an die richtige Position im Spiel weiterbeförderte.

Diese kleine Information hat mich lange Zeit vage fasziniert und war jedenfalls Grund genug, Effenbergs Autobiografie zu lesen. Denn das Leben eines Fußballspielers dreht sich nun einmal um Fußball und so müsste dort eigentlich etwas über das Pfeifen im Mittelfeld zu finden sein. Dachte ich mir jedenfalls und machte mich auf den Weg. Wie steinig er sein würde, war mir nach der Arbeit der Exekutionskommandos im Feuilleton eigentlich klar, aber ich suchte ja nur „Stellen". Oder „Anti-Stellen", denn gemeinhin geht es bei „Stellen" in Büchern um Sex oder fragwürdige Ansichten zu Politik und Leben. In „Ich hab's allen gezeigt" von Stefan Effenberg, das nur aus fragwürdigen Ansichten zu Politik, Leben und Sex besteht, sind „Stellen" hingegen die, in denen es um Fußball geht.

Wobei es zum Fußball beinahe nicht gekommen wäre, weil der junge Effenberg einst fast von einem Grabstein erschlagen worden wäre, auf dem er Rodeo geritten hatte. Er zog sich aber nur einen Oberschenkelhalsbruch zu, so dass die Karriereoptionen Musiker („Von morgens früh bis spät abends klimperte ich auf meiner Kindergitarre herum") oder Dienstleistungsfachkraft bei der Deutschen Post („Ohne Fußball wäre ich dann wahrscheinlich Paketzusteller geworden – im Außendienst!") außer Acht gelassen werden konnten. So bereitete Effenberg sich auf sein Leben als Fußballspieler schon mit 13 Jahren durch Ausdauerläufe vor („Ich rannte wie ein Irrer durch den Wald"); seine erste Autogrammkarte im Trikot des FC Bayern hatte er da auch schon zusammengebastelt.

Aber halt: das sind hübsche Anekdoten aber noch keine richtigen „Stellen" und der Pfiff ist ebenfalls unerklärt. Das Problem ist jedoch, dass sich Effenberg damit schwer tut, über Fußball im engeren Sinne zu schreiben, also als Tätigkeit und Geschehen auf dem Rasen. Lieber sortiert er seine kleine Welt in Gut und Böse. Trainer Erich Ribbeck ist gut („Er erklärte mir immer wieder, wie wichtig ich für die Mannschaft sei."), Trainer Ranieri in Florenz ist es nicht („Ich mochte ihn nicht, er mochte mich nicht. Zumindest nicht richtig.") Ottmar Hitzfeld ist ganz toll und sagt zu Effenberg: „Du könntest garantiert ein guter Trainer werden, wenn du willst."

Das wird jedoch wohl eine leere Drohung bleiben, denn Effenberg interessiert sich nicht wirklich für Fußball. Jedenfalls sind seine Analysen so messerscharf wie eine Salatgurke. „Okay, dachte ich, dann schaukeln wir das Ding über die Zeit", erzählt er vom Finale der Champions League 1999 gegen Manchester United und findet es am Ende „total ununverdient", dass der Gegner den FC Bayern in der Schlussminute noch von der Schaukel schubst. Dafür gelingt zwei Jahre später die Revanche. „Bei einem Freistoß sagte ich zu Linke: ‚Geh nach vorne, Richtung zweiter Pfosten. Ich spiele dir den Ball auf den Kopf.' Genauso lief es. Ich spielte auf Linke, er legte mit dem Kopf quer zu Sergio auf: 1:0." Da sieht man, dass Fußball ein einfaches Spiel ist. Verdächtig einfach. Was man am Ende der Lektüre dieser knapp drei Seiten nun für eine ziemlich bescheidene Erkenntnis halten mag. Aber bitteschön, kein Mitleid von meiner Seite, ich habe dafür 318 Seiten lesen müssen. Und was es mit dieser Pfeiferei auf sich hat? Keine Ahnung.

Italiens böse Kinder

Hinterher in Testaccio war es schon sehr lustig durchgedreht, aber ganz unbeschwert konnte ich mich an diesem Sommernachmittag 2001 nicht darüber freuen. Drei Tage, nachdem der AS Rom seine erste Meisterschaft am Ende von achtzehn langen Jahren des Wartens feiern konnte, hatte sich in dem Viertel, wo der Klub einst gegründet worden war und noch die Ruine seines ersten Stadions zu sehen ist, die Begeisterung kein bisschen gelegt. Zwischen den Häusern waren rot-gelbe Banner gespannt, und aus fast allen Fenstern wehten Fahnen oder Schals in den Farben der Roma. Glücklich trugen die Passanten auch an diesem schönen Sommerabend ihre Trikots durchs Viertel und waren immer noch Francesco Totti oder Gabriel Batistuta, die sie natürlich nur Tottigol oder Batigol nannten. Aus den Wohnungen und den vorbeifahrenden Autos schallte entweder die Vereinshymne des Klubs oder „Grazie Roma" von Antonelli Venditti, ein auch hierzulande eingeführter Italo-Schlager, der den AS Rom preist. Von solchen Tönen umspielt, brach mancher Autofahrer in spontanes Hupen aus, worin andere beseelt einstimmten. Und überall war ein glückliches Leuchten auf den Gesichtern, ganz besonders aber im Ladenlokal der Roma-Ultras von Testaccio, wo eine Todesanzeige an die begrabenen Titelhoffnungen der alten Dame Juventus aus Turin erinnerte.

So schön ist Fußball wohl nur in Italien, heiter durchgeknallt wie die Spielshows im Fernsehen, bei denen noch blondere Busenwunder in noch weniger Textilien durch den Irrsinn führen. Aber, wie gesagt, so ganz ungetrübt war mein Entzücken angesichts des größten Kindergartens der Welt nicht. Denn zehn Tage zuvor hatte ich auf der Tribüne von San Paolo in Neapel gesessen und mich zum ersten Mal seit vielen Jahren in einem Stadion wieder richtig unwohl gefühlt. Vier Minuten hatten dem AS Rom an jenem erschlagend heißen Sonntag zum vorzeitigen Gewinn des Scudetto gefehlt. Aber bei aller Sympathie für die Lieblinge der Hauptstadt war ich froh, als der SSC Neapel den Ausgleich doch noch erzielte. Ihren Abstieg half das am Ende nicht zu verhindern, zumindest aber für diesen Tag – und damit wohl Schlimmeres.

Schon vor dem Anpfiff waren Tränengaswolken über die Tribüne geweht, als die Polizei Scharmützel der gegnerischen Tifosi zu unterbinden versuchte. Die aus Rom hatte man in einer Ecke des Stadions hinter meterhohen Wänden aus Sicherheitsglas eingekerkert, über die noch Stahlnetze gespannt waren. Offensichtlich aber nicht hoch genug, denn den Neapolitanern gelang es, tote Ratten hinüberzuwerfen. So hatte das beeindruckende Spektakel in der monströsen Betonschüssel, die jedes Mal spürbar bebte, wenn fünfzigtausend Einheimische auf und nieder hüpften, einen dunkel aggressiven Unterton. Passenderweise explodierten die Kanonenschläge, die von den Rängen geworfen wurden, mit der Lautstärke von Handgranaten.

Die Romanista in ihrem Käfig konnten nichts zu trinken kaufen, am Ende keine Meisterschaft feiern und blieben nach dem Spielschluss noch eine halbe Stunde eingesperrt. Als ich das Stadion verließ, drängten sie sich schon auf den Treppen und tauschten mit den Fans der Gastgeber Beleidigungen aus. Dann brachte die Polizei ihre Tränengas-Gewehre in Stellung, um für den Abzug der Gäste das Feld zu räumen. Das anschließende Chaos, wie es das in Deutschland ewig nicht gegeben hat, konnte sie damit nicht verhindern. Die brennenden Einsatzwagen, die umgestürzten Busse, die zerstörten Ambulanzfahrzeuge und den demolierten Bahnhof konnte ich mir hinterher im Fernsehen anschauen.

Bevor die Kinder ausgelassen und liebenswert feiern konnten, hatten sie sich noch einmal ordentlich daneben benommen.

Den Papas von der Polizei waren dazu nur Knüppel und Tränengas, Gitter und Stacheldraht eingefallen. Gereicht hatte das an diesem Tag in Neapel nicht, wie so oft an den italienischen Fußball-Wochenenden der letzten Jahre. Und so verließ mich bei der übergeschnappten Freudenfeier in Testaccio das Gefühl nicht, dass sie mit dem Nachmittag in Neapel mehr zu tun hatte, als gut war.

Irresponsibles Fußballgucken

Im Restaurant des Hotels L'Auberge in Ségou, nur wenige Schritte vom Anleger der Fähre entfernt, die den Niger entlang schippert, sitzt um den größten Tisch eine Gruppe junger Französinnen, die wahrscheinlich keine Ahnung haben, dass in zwei Stunden die Partie zwischen Südafrika und Marokko bei der Afrikameisterschaft 2002 angepfiffen wird, weil sie nicht solch schnöder Dinge wie des Fußballs wegen ins Land gekommen sind. Das erkennt man schon daran, dass sie zu den Trekking-Sandalen einheimische Gewänder tragen, ihre Haare zu kleinen Zöpfen geflochten und darüber bunte Perlen gezogen haben. Untrügliche Erkennungszeichen jenes „Responsible Tourism" sind das, für den auch unser Mali-Reiseführer geworben hat.

Diese einigermaßen deprimierende Szenerie würde man gerne um Frank bereichern. Der 60-jährige Klotzkopf stammt aus Blackburn, wo er für die Rovers angeblich 600 Spiele und über 200 Tore gemacht hat. Dann wurde er Coach, zuletzt noch im Südafrika der Apartheid, und trainierte dort auch flüchtige Profis des Bundesligabestechungsskandals, an Volkmar Groß und Arno Steffenhagen kann er sich noch gut erinnern. Frank ist ein Arschloch in bester Tradition des Kolonialismus, der ohne mit der Wimper zu zucken rausposaunt: „Ich sag' euch Jungs, diese Afrikaner brauchen einfach Anleitung, sonst wird das mit denen nie was."

Wie Frank und den Französinnen schwinden vielen Europäern auf dem schwarzen Kontinent die Sinne. Vielleicht liegt es an der Hitze, wenn sie sich entweder vor lauter kultureller Sensibilität in Pseudoafrikaner verwandeln oder den mentalen Tropenhut der Herrenrasse aufsetzen. Am Ende weiß man schon nicht mehr genau, was mehr nervt, auch bei der afrikanischen Fußballbetrachtung.

Allerdings schwinden in der ersten Halbzeit des Spiels zwischen Südafrika und Marokko fast alle Kräfte, um das noch zu entscheiden. So bodenlos schlecht und fast schmerzhaft langweilig ist der Kick, dass die Rede vom Ringen mit dem Schlaf schon nicht mehr metaphorisch gemeint ist. Besonders ermüdend ist Südafrikas Thabo Mngomeni mit der albernen Ananas-Frisur und seinen Dribblings, die genauso so sinnlos sind wie die aufgeregten Taxifahrten in Bamako, wo die Fahrer meistens den Weg nicht kennen, aber entschlossen erst mal zehn Minuten in die falsche Richtung fahren, bevor sie sich nach dem Weg erkundigen.

Auch in Ségou ist der Platz so holprig, als würde bei der Afrikameisterschaft ein Experiment durchgeführt, bei dem Fußballspielen unter Unmöglichmachen von Flachpässen ausprobiert werden soll. Dabei braucht man zur Herstellung einer weitgehend planen Spielfläche nur die technisch unaufwändige Gerätschaft einer Walze. Dunkel bleibt auch der Sinn, warum das Spiel nachmittags um vier angepfiffen wird, wenn es so heiß ist, dass selbst das Niedersinkenlassen des Kopfes auf das Schreibpult eine zu große Anstrengung ist.

Das ist blöde und so undurchdacht, wie das wüste Gekicke auf dem Platz, wo die Referees Fouls durchgehen lassen, die Eugen Striegel erblassen ließen. Solch afrikanische Härte steht derzeit im Dienste eines weitgehend einfallslosen Defensivfußballs, der die Franks dieser Welt darin bestätigen dürfte, dass die Schwatten wohl noch etwas Anleitung brauchen, um wirklich mal an die Spitze zu kommen. Trotzdem trommeln und singen einer ganz und gar zauberhaften Idee folgend, nach der in jedem Spielort den Gastmannschaften Anhänger zugeteilt werden, die Wahl-Südafrikaner und Jubel-Marokkaner mit großer Begeisterung weiter und unterstützen ihre Teams teilweise gar mit einstudierten Choreografien.

Kaum daheim in Deutschland, wird man daran erinnert, dass Thabo Mngomeni zwar eine Dribbel-Nervensäge sein mag, aber er und viele Kicker bei der Afrikameisterschaft mit dem Ball eben doch viel geschickter umgehen als die Mehrheit ihrer Kollegen in der Bundesliga. Und will gar nicht mehr wissen, ob das eine irresponsible Ansicht ist oder eine mit der Perle im Haar.

Das Trauma von Bern

Reiner Calmund hat sich am Transistorradio gestört, das der junge Hauptdarsteller in Sönke Wortmanns Film „Wunder von Bern" von seinem älteren Bruder zugesteckt bekommt. Als eine Art Kassiber in den Stubenarrest, den der Kriegsgefangenschaftrückkehrvater ausgesprochen hatte. So ein Radio gab es damals nicht, behauptet der Manager von Bayer Leverkusen. Dafür fand er die Straßen seiner Heimat wieder, obwohl Calmund nicht aus dem Ruhrgebiet kommt, sondern aus Brühl. Da war Braunkohletagebau und gab es Kolonien, wo er aufwuchs. Bewegt hat ihn das und bewegt hat ihn auch das Tor von Helmut Rahn, das Tor, Tor, Tor der deutschen Fußballgeschichte, endlich aus Sicht des Schützen zu sehen.

Mich hat das nicht bewegt, leider. Aber schon vor dem Film war ich seinem publizistischen Overkill erlegen und konnte im Kino nur eine Leistungsschau des Ausstattungswesens sowie Play-Station-Publikum im virtuellen Wankdorf-Stadion sehen, das billig animiert vor sich hin jubelte. Doch kein Wort mehr zu diesem Film und keines mehr zur hundertfach geschriebenen Behauptung, dass die Geschichte der Bundesrepublik Deutschland angefangen hat, als das Spiel gegen die Ungarn mit 3:2 abgepfiffen war. Es mag so sein oder auch nicht. Mir ist das im Moment egal oder nur insofern wichtig, als das real gespielte Fußballspiel unter solchen Interpretationen begraben ist.

Wie es wirklich war, wissen wir nicht, weil die Filmrollen verschwunden sind. Möglicherweise haben wir irgendwann eine klarere Idee, wenn lauter Stückchen, aus aller Welt zusammengetragen, das Mosaik vollständiger machen. Hilfreich könnte das werden, denn '54 ist die Urszene des deutschen Fußballs – als er aus dem Schlamm kroch, die Kiemen abwarf und zu laufen begann. Jede große Fußballnation hat ihre Urszene, auf die man sich zurückbeziehen kann und die ein Orientierungspunkt bleiben wird. Bei den Brasilianern war es zweifellos die WM 1958, als Pelé begann und schöner Fußball, der siegreich war. Womit auch schon die Extreme benannt wären: 1958 vs. 1954, Schönheit vs. ja, was eigentlich?

Das erzählte Wunder von Bern hat vor allem mit Schlauheit, mit Regen und mit unbezähmbarem Willen zu tun. Wie sonst hätte Herbergers Team eine ungarische Mannschaft schlagen können, die zuvor in 32 Spielen unbesiegt geblieben war und das deutsche Team während des Turniers in der Schweiz mit 8:3 geschlagen hatte? Diese Niederlage wurde hinterher als Schachzug von Herberger interpretiert und war es vielleicht auch. Der Regen war „dem Fritz sein Wetter", aber neben diesem Aberglauben sind schwere Böden für schlechtere Teams stets ein Vorteil. Adi Dasslers neue Technologie der Schraubstollen mochte ebenfalls geholfen haben.

Doch all das ist schon zu kompliziert, wie auch der taktische Kniff, dass sich Mittelläufer Kohlmeyer nicht von Hidegkuti ins Mittelfeld locken ließ. Oder, dass Herberger auf Angriffe über die linke Seite setzte – von wo alle drei Tore fielen. Als wahre Essenz blieb, dass eine eigentlich schlechter besetzte Mannschaft auch dann gewinnen kann, wenn sie sich nur genug reinhaut, und dass deutsche Fußballteams erst dann besiegt sind, wenn abgepfiffen ist (oder eben nicht). Diese Idee lebte über Jahrzehnte weiter und wurde zur selbsterfüllenden Prophezeiung (etwa 1974, als die eigentlich besseren Holländer besiegt wurden). Es galt das Primat von Kampf, Einstellung und Haltung über Schönheit und Inspiration. Der Spaß lag allein im Erfolg (sieht man von der EM 1972 ab).

Inzwischen ist der Kampfvorteil längst dahin, weil sich nicht einmal mehr die Brasilianer vor dem Regen erschrecken. Bern ist zum Trauma geworden, denn noch ist nicht in allen

Köpfen angekommen, dass Fußball auch gespielt werden muss. Nur, vielleicht wurde gespielt, vielleicht war mehr Kunst im Spiel der Helden von Bern, als behauptet wird, und vielleicht erfahren wir es noch. Das wäre gut, schließlich ist Geschichte dazu da, ständig neu geschrieben zu werden. Und eine andere deutsche Fußballgeschichte ist weiterhin dringend notwendig.

Liebe

„Der Hass ist parteiisch, aber die Liebe
ist es noch mehr."
Johann Wolfgang von Goethe

Luis wird Maskottchen

Als Patenonkel geht man eine Verpflichtung ein, die nicht zu unterschätzen ist, denn wie wir alle wissen, sollte man Kinder mit ihren Eltern nicht ganz allein lassen, sondern dem Nachwuchs auch andere Irrsinnswelten als Identifikationsangebot unterbreiten. Fußball etwa. Dabei gilt es jedoch subtil vorzugehen, und ein Stadionbesuch im ersten Lebensjahr ist sicherlich eine ganz besonders subtile Angelegenheit. Schließlich kann man nicht davon ausgehen, dass ein Kleinkind nur annähernd versteht, was da auf dem Rasen vorgeht, wo es doch gerade erst eine zarte Idee davon entwickelt, was Gras überhaupt ist.

Luis war zehn Monate alt, als ich den Beschluss fasste, dass er reif für seinen ersten Besuch im Fußballstadion wäre. Schließlich haben wir alle unsere Portion psychologischer Theorien intus, die uns von frühkindlichen Prägungen – besonders in den wichtigen ersten Monaten – halb wissen lassen. Und das machte den Plan einfach: Luis kommt ins Stadion mit, findet das ganze Geschrei eine dufte Sache und wird sich, wenn er erst mal den Zustand halber Bewusstheit erreicht hat, daran unterbewusst erinnern können und Fußballbesuche toll finden.

So ähnlich machte es mein Freund Holger ansonsten schließlich auch, wenn er seinem Sohn in schweren Bänden die Welt der Kunstgeschichte aufblätterte, ihm Mahler und Schumann vorspielte oder mal das eine oder andere Gedicht aus dem Bestand der Hochliteratur vortrug. Von den selbst gemachten Reimen mit den Fröschen ganz abgesehen. In diesem Zusammenhang ist Holger, mit dem mich seit ungefähr zweieinhalb Jahrzehnten eine brüderliche Freundschaft verbindet, aber offen für alle Einflüsse. Immerhin war er es, der gefragt hatte: „Wann gehen wir denn endlich zum Fußball?"

Das Spiel meiner Mannschaft in Luis' Heimatstadt war schon rein logistisch gesehen eine nahe liegende Wahl. Zumal, so war meine Idee, das Patenkind eine gute Chance hatte, sich als Glücksbringer zu erweisen. Jedenfalls war der Gegner an diesem sonnigen Tag eine echte Gurkenmannschaft, gegen die das Gewinnen doch leicht fallen sollte.

Eigentlich lief es zunächst auch ganz gut, die Führung war bald herausgeschossen, mein Team deutlich überlegen, Luis krabbelte gut gelaunt zwischen Vater und Patenonkel hin und her oder flirtete mit den umsitzenden Tribünenbesuchern. Die grauselige Musik aus dem Stadionlautsprecher vermochte seine heitere Verfassung so wenig zu trüben wie das Geschrei unserer Fans oder der krachige Ausbruch beim Torjubel. Hier lief alles nach Plan, auch wenn der Platzverweis für einen unserer Spieler kurz vor der Pause eine kleine Irritation bedeutete.

In der Halbzeitpause fand Luis auch die Pompons der Cheerleader ziemlich aufregend, bald danach lag mein Team mit drei zu null vorne, als der Kleine müde wurde. Da erst wurde offensichtlich, wie sehr seine Kräfte das Spiel bislang bestimmt hatten, denn der Mannschaft auf dem Platz schwanden sie in gleichem Maße. Erst musste sie den Anschlusstreffer hinnehmen, dann gab es auch noch einen Elfmeter gegen uns – und der große Moment von Luis war gekommen. Sein Vater hob ihn leicht an, das zauberhafte Wunderkind sammelte seine Kräfte, und der gegnerische Mittelstürmer drosch den Ball übers Tor und aus dem Stadion. Jubel, das Kind wurde geküsst, strahlte und schlief dann fast ein. Doch da waren nur noch wenige Minuten zu spielen, der zweite Treffer der Heimmannschaft kam zu spät und verdammt, alles hatte geklappt.

Neben der gelungenen frühkindlichen Prägung hatte sich Luis auch als Maskottchen profiliert, und Holger setzte ihn nach Abpfiff auf den Rasen, von wo wahrscheinlich noch ungeheures Fußballtalent in ihn einzog. Doch dazu mehr in 16 Jahren in der Folge: Luis wird Fußballstar.

Der Gesang des Bombers

Das Telefon klingelte und Bernd klang ziemlich aufgeregt. Ja, er war regelrecht aus dem Häuschen. Er müsse unbedingt diese Platte von Gerd Müller haben, ich würde schon wissen. Dieses, wie heißt es noch mal? „Dann macht es bumm", half ich irritiert aus. Ja, genau, das würde er dringend brauchen, denn er müsse das Lied auf jeden Fall Xie Hui vorspielen. Oder es ihm am besten auf eine Kassette aufnehmen, damit der es sich immer wieder anhören könne.

Nun gehört „Dann macht es bumm" von Gerd Müller sowieso schon zu den eher deprimierenden Erscheinungsformen des Genres singender Fußballspieler. Und warum sollte man es gerade Xie Hui vorspielen, dem chinesischen Stürmer, der damals bei Alemannia Aachen spielte? Meine leisen Zweifel machten Bernd nur noch enthusiastischer. Und als er zu erzählen begann, konnte ich ihn verstehen.

Bernd hatte einen großen Moment erlebt, wie ihn sich alle Fans wünschen. Eine Phantasie war in Erfüllung gegangen. Denn wollen wir nicht alle unserem Team, unseren Helden wenigstens einmal direkt behilflich sein? Wirklich eingreifen. Nicht nur dadurch, dass wir sie im Stadion anfeuern. Bernd war das möglich geworden. In der Zeitung seiner Stadt hatte er in loser Folge die Profis der Alemannia portraitieren dürfen. Nette, persönliche Geschichten waren das, die abseits vom eigentlichen Sport den Menschen näher bringen sollten. Wenige Tage zuvor hatte er Xie Hui getroffen, den Stürmer aus dem fernen Shanghai. Mit ihm zusammen war Bernd in ein China-Restaurant gegangen und ließ sich ins Essen mit Stäbchen einweisen. Der Mann aus dem Fernen Osten entpuppte sich als intelligenter und charmanter Gesprächspartner, wobei es die Begegnung ungemein erleichterte, dass sie sich problemlos auf Englisch unterhalten konnten.

Irgendwann war das Gespräch auf Gerd Müller gekommen, dessen Mythos als großer Torjäger selbstverständlich auch Xie Hui geläufig war. Bernd erzählte, dass Müller irgendwann einmal gesagt hätte, es wäre schon viel zu spät, wenn man vor dem Tor zu denken anfangen würde. „If you start to think, it is already too late." Das saß. Xie Hui schwieg sichtlich beeindruckt und sagte dann wie abwesend: „Genial." Da wäre es doch am besten, schloss Xie Hui nach etwas Bedenkzeit, wenn man das Gehirn von der Größe einer Nuss hätte: „Best is, you have the brain in size of a nut." Da mussten beide lachen und spekulierten über die Größe des Gehirns von Gerd Müller. Sie plauderten noch ein wenig weiter, und zum Abschied erinnerte Bernd dem Stürmer: „Denk an Gerd Müller". Xie Hui antwortete prompt: „Ich denke nicht, ich schieße."

Drei Tage später war Bernd im Fußball-Himmel. Xie Hui hatte gleich im nächsten Spiel sein erstes Tor für Alemannia geschossen und sich höflich bei Bernd bedankt: „Thank you for your advice." Ein anderer Alemannia-Spieler hatte Bernd zugerufen: „Kriegst einen Scorerpunkt." Und der Pressesprecher versprach sogar eine Prämie, falls es auch mit einem Heimtor von Xie Hui klappen würde.

In diesem Rausch der Begeisterung war Bernd dann das Lied von Gerd Müller eingefallen. Als er Xie Hui endlich die Kassette überreichen konnte, war der Chinese jedoch leider verletzt. Ein Muskelbündel war gerissen und der Arm eingegipst worden. „Gerd Müller was a singer…?", fragte er Bernd ungläubig.

Etliche Wochen verstrichen, in denen Xie Hui nicht spielen konnte, offensichtlich aber aufmerksam dem Gesang des Bombers lauschte. Denn als er endlich wieder genesen war und nach der Halbzeitpause des Spiels gegen den 1. FC Köln eingewechselt wurde, schoss er sein erstes Tor im heimischen Stadion. Flanke von rechts, im Fünf-Meter-Raum hochgestiegen und schmucklos eingeköpft. Nach dem Spiel sah Bernd den neuen Torjäger der Alemannia nur von weitem. Xie Hui winkte zu ihm hinüber, lachte und rief: „Bumm!"

Die Tränen des Torjägers

Gabriel Omar Batistuta kam 1992 mit seiner Frau Irina und zwei Koffern nach Florenz. Er war im nordargentinischen Örtchen Avellaneda aufgewachsen und hatte Arzt werden wollen. Doch der Junge mit dem Namen des Erzengels spielte gerne Basketball und besonders gut Fußball. Eines Tages kam ein schwarzer Wagen auf der Straße vorgefahren, wo die Batistutas lebten. Ein Mann aus Buenos Aires stieg aus und sagte, dass er den 18 Jahre alten Gabriel mitnehmen wolle und zu einem Fußballspieler machen würde. Der Vater willigte ein, Gabriel tat es auch und begann in einem der großen Klubs der Hauptstadt Fußball zu lernen. Denn vorher hatte er nie in einer richtigen Mannschaft gespielt. Bald schon lag ihm das Publikum zu Füßen, weil er unablässig Tore schoss. So wechselte er zu River Plate und dann zu den Boca Juniors.

Schließlich holte ihn der AC Florenz. Dort hatte Gabriel schon einmal auf der Tribüne gesessen, als er mit den Junioren seines Landes in Italien war, und die Begeisterung der Tifosi bestaunt. So glanzvoll sein Aufstieg schien, war es doch nicht leicht für ihn. Fern der Heimat, im kalten Europa, tat er sich schwer. Seine neuen Mannschaftskameraden schnitten ihn, doch Irina stand ihm bei. Die Frau seines Lebens, die er liebte, seit er 16 Jahre alt war und sein Herz an das Mädchen aus der Nachbarschaft verloren hatte. Neben Irina half ihm die Curva Fiesole, wo die echten Fans der Fiorentina ihren Platz haben, und er zahlte ihnen das Vertrauen in Toren zurück. In acht langen Jahren erzielte er mehr Treffer als je ein Ausländer in der Serie A zuvor. Die Anhänger in den Farben des Veilchens nannten ihn Batigol und riefen, dass er wie David sei. Michelangelos David, dem sie am Computer Gabriels Gesicht gaben.

Er schoss seine Tore in einer Welt der Defensive, in der nur das Ergebnis und nicht die Freude am schönen Spiel zählt. Er traf für einen Klub, der kaum eine Chance auf die Meisterschaft hatte. Seine Kollegen respektierten den Ernst und die Begeisterung, mit denen er seiner Arbeit nachging. Trotz ständiger Schmerzen im Knie. Er blieb voller Demut auch angesichts dekadent überfließender Gehaltszahlungen und seinem Verein neun Spielzeiten lang treu, wo andere haltlos von Scheckbuch zu Scheckbuch eilten.

Doch im Sommer 2000 war Gabriel müde geworden. Der mächtige Potentat der Fiorentina mochte seinen Anregungen zur Verbesserung des Klubs nicht folgen, und Batigol wollte endlich einen Titel gewinnen. Also gab Gabriel seinen Wechsel zum AS Rom bekannt. Er wandte sich an seine Fans und erklärte die Trennung, wie ein Vater den Kindern, dass er die Mutter verlassen wird. „Es ist das Ende einer Liebesgeschichte", schrieb Gabriel. Er unterzeichnete den offenen Brief als wäre es die Inschrift eines Tattoos: „Für immer Viola-Fan."

Vor der ersten Begegnung seines neuen gegen seinen alten Klub kündigte er an, einen Treffer nicht bejubeln zu wollen. Doch es sollte noch anders kommen am Abend des Spiels, vor dem ihm beide Lager der Fans stürmisch applaudierten. Gabriel Batistuta schoss ein Tor. Aus 25 Metern, die Entscheidung des Spiels. Und er jubelte wirklich nicht. Er brach in Tränen aus. „Ich wusste, wie enttäuscht die Fans nach Florenz zurückreisen würden", sagte er hinterher.

In diesem wunderbaren Moment fiel alles an seinen Platz. Licht war in die Dunkelheit gefallen, Raffgier und Zynismus zerschmettert. Und das entheiligte Spiel für diesen Augenblick wieder ganz rein. Als er Florenz verließ, hatte Batistuta geschrieben: „Ich möchte, dass die Leute mich nicht nur wegen meiner Tore, sondern als Menschen in Erinnerung behalten." Als er zum ersten Mal auf seinen alten Klub traf, hat er das eingelöst.

Weiches Herz im Hochhaus

Der Bundesligaprofi Andreas W., dessen wirklicher Name hier nichts zur Sache tut, fuhr in seinem Wagen durch einen Vorort der Stadt im westlichen Ruhrgebiet, wo Hochhaus neben Hochhaus steht. Es fiel ihm nicht leicht, die angegebene Adresse zu finden, und als er endlich angekommen war, irrte er noch einige Zeit herum, bis er den Eingang gefunden hatte. Andreas W. ist ein Fußballprofi, den man sensibel nennen würde, wenn das in seiner Branche nicht einen beleidigenden Unterton hätte. Obwohl seine Spielweise nicht auf volkstümliche Weise populär ist, nimmt er doch die Verantwortung gegenüber denen ernst, die mit ihrem Interesse seinen Lebensunterhalt sichern. Man könnte aber auch sagen, dass er ein weiches Herz hat.

Jedenfalls hatte Andreas W. irgendwann eingewilligt, nachdem die drei Abgesandten des Fanklubs „Affensturm", wie wir ihn hier nennen wollen, wiederholt ihre Einladung vorgebracht hatten, zu einem ihrer Treffen zu kommen. Und er war auch nicht irritiert gewesen, als die Affenstürmer ihn nicht in eine Kneipe gebeten hatten, sondern ihm jene Anschrift gaben, die aufzufinden ihm solche Schwierigkeiten machte. Es war längst dunkel geworden, als er auf die Klingel drückte und dann mit dem Aufzug in die oberste Etage fuhr, 15 oder gar 20 Stockwerke hinauf. Der Chef des Fanklubs begrüßte ihn freudestrahlend an der Tür und sagte, dass der „Atze" auch noch kommen würde. „Atze", der eigentlich einen anderen Spitznamen trägt, war Spielführer der Mannschaft von Andreas W. Als der Profi nur die beiden anderen Fans sah, die schon am Trainingsplatz gewesen waren, wurde ihm klar, dass die drei nicht die Abgesandten des Fanklubs waren, sondern der ganze Fanklub.

Die folgenden zwei Stunden kamen Andreas W. länger vor als eines dieser Spiele, in denen man eine hohe Niederlage bezieht und weiß, dass jede Minute nur zusätzliche Zeit für den Gegner ist, noch einen weiteren Treffer zu machen. Damit soll nicht gesagt sein, dass die Affenstürmer ihren Gast unfreundlich behandelten, sie hatten sogar einen Kuchen gebacken. Aber leider hatten sie nichts zu sagen und nichts zu fragen, weshalb sich Andreas W. sehr viele Fotoalben anschauen musste, in denen die Reisen des Fanklubs zu Auswärtsspielen dokumentiert waren. Irgendwann kam der Chef der drei auf sein Hobby zu sprechen, das Sammeln von Polizeimützen, und der Gast hatte große Mühe, seine Fassungslosigkeit zu verbergen.

Zwischendurch sagten die Affenstürmer immer wieder, dass „Atze" bestimmt auch noch kommen würde, aber er kam natürlich nicht, denn er hat kein weiches Herz wie sein Kollege. Doch Andreas W. bringt es einfach nicht fertig, sich wie der Kapitän von den Fans dadurch freizukaufen, dass er Hundert-Mark-Scheine zückt und damit Eintrittskarten oder Fanartikel kauft und sie unters Volk wirft wie Glasperlen unter die Eingeborenen. Irgendwann war klar, dass weder der „Atze" kommen, noch ein Abschied gegen die Höflichkeit verstoßen würde. Also sagte Andreas W., dass er nun gehen und den Weg auch selbst finden würde, aber der Chef der Affenstürmer bestand darauf, dass es um diese Zeit besser wäre, wenn er ihn hinunterbegleiten würde. Als sie im Aufzug waren, hielt der nur zwei Etagen später und zwei junge Männer stiegen ein, mit denen nicht zu spaßen war. Finster wie in einem Gangsta-Video schauten sie und debattierten darüber, ob sie nicht mal die Alte aus dem 12. Stock vögeln sollten, während Andreas W. so aufmerksam wie nie in seinem Leben die Spitzen seiner Schuhe beobachtete und der Affenstürmer den Atem anhielt.

Unten verabschiedeten sie sich voneinander und Andreas W. fuhr nach Hause. Die weiteren Einladungen der Affenstürmer hat er dann freundlich, aber für seine Verhältnisse bestimmt abgelehnt, lieber trifft er sich mit einem anderen Fanklub, der nur aus Frauen besteht, die sich um benachteiligte Kinder kümmern und ganz empört sind, dass der Vertrag mit ihrem Lieblingsspieler noch immer nicht verlängert worden ist.

Sentiment unterm Zigarren-Zepter

Anstatt diese wesentliche Information in den Klatsch-Kreislauf von „Bunte" oder „Gala" einzuspeisen, soll hier – vermutlich weltexklusiv – erzählt sein, dass Rudi Assauer seine Lebensgefährtin „Muckelchen" nennt. Die so Bezeichnete ist Schauspielerin, und wer Simone Thomalla nicht aus einschlägigen Unterhaltungsfilmen des Fernsehens kennt, hat sie doch schon einmal an der Seite von Assauer in jenem Werbespot gesehen, wo beide zusammen auf dem Sofa sitzen und fernsehen, als Assauer sie zum Bierholen schickt. Sie verschwindet in die Küche, nimmt hastig einen Schluck aus der Flasche, kehrt ins Wohnzimmer zurück, sagt, dass kein Bier mehr da sei und macht dann einen kleinen Rülpser. Gut gespielt ist das und lustig, wie da Geschlechterrollen unterlaufen werden.

Der Manager von Schalke 04 nennt seine Partnerin also „Muckelchen" und sie ihn „Rudi", wie es bei und um den Klub fast alle tun. Im Unterschied zu Muckelchen aber tun sie es meistens nur dann, wenn er nicht dabei ist. Denn „der Rudi" ist kein Duz-August und lässt sich mehrheitlich mit „Herr Assauer" anreden, im Gegensatz zu „Herrn Calmund" in Leverkusen übrigens, den doch ziemlich viele „Calli" nennen dürfen. Dieser Unterschied mag darin begründet sein, dass der Rudi auf Schalke (er rüffelt Menschen, die „bei Schalke" sagen) seiner Rolle einen leicht royalistischen Einschlag gibt. Als er bei einem großen Turnier der Vereinssponsoren in einer Schalker Promi-Elf mitgespielt hatte und anschließend den Platz verließ, schritt er, obwohl in ganz normaler Fußball-Kluft, so daher, als würde er eine Hermelin-Schleppe hinter sich herziehen. Demutsvoll murmelnd wich das königsblaue Volk auseinander, als der Prinzipal seiner Wege ging, und traute sich erst, mit Autogrammwünschen an ihn heranzutreten, als Assauer stehen blieb und zu erfahren trachtete, wann er das nächste Mal vor den Ball treten durfte.

Der Rudi trägt zwar weder Hermelin-Schleppe, noch Reichsapfel oder Krone, aber seine Zigarren haben eine ähnliche Funktion wie das Zepter in Königreichen. Er setzt sie als Symbole der Regentschaft ein. Vielleicht hat der Rudi irgendwann auch bemerkt, wie gut die Davidoff Grand Cru Nummer Soundso zur Ausprägung seines Macho-Image beitragen. Obwohl er bestimmt nicht zu den Leuten gehört, die sich darüber sonderliche Gedanken machen. Irgendwie ist der Rudi nämlich, man spürt das so langsam, ein Mann von gestern.

Nicht, dass wir uns missverstehen: Seinen Klub führt er immer noch mit zumeist funktionierendem Instinkt und insgesamt weiterhin starker Hand, aber in einigen Jahren wird es im Fußball keine Rudis mehr geben. Männer, die noch ungebrochen Kerle sind, ihre Zigarren schwenken und Muckelchen das Bier holen lassen. Männer, die eine so ungebrochene Biografie im Fußball haben, dass man glauben muss, sie würden nur diese eine Welt kennen. Sie werden wohl von Managern ersetzt, die Swot-Analysen kennen und den Corporate-Business-Talk beherrschen, weil es halt um ein richtiges Business geht.

Meistens wird es bedauert, dass es irgendwann keine Rudis mehr geben wird, weil die Männer, die das schreiben, eigentlich auch gerne Zigarren schwenken und Muckelchen Bier holen lassen würden. Es gibt aber einen weitaus besseren Grund, den ich vor einigen Monaten erfahren habe, als ich auf ein Interview mit Assauer wartete. Immer wieder kam er damals aufgeregt an mir vorbeigelaufen, entschuldigte sich kopflos dafür, dass es noch dauern würde und bat mich mit gehöriger Verspätung zum Gespräch. Dann holte er sich, obwohl es erst später Vormittag war, ein Bier und erzählte vom Vater seiner Partnerin, dem es damals gesundheitlich sehr schlecht ging. Mehr für sich als für mich besprach er dessen Lebenssituation auf so einfühlende wie mitfühlende Weise, dass mir dämmerte, wie sehr zum Prinzip Rudi auch diese gefühlige und sentimentale Seite gehört. Seitdem kann Herr Assauer sein Zigarren-Zepter so viel schwenken wie er will und zum Cartoon seiner selbst werden. Im Zweifelsfalle lässt er sich von Muckelchen doch das Bier wegtrinken.

Liebe und Verzweiflung in Düsseldorf

„Wir sind Fortuna Düsseldorf – alles andere ist nur Fußball", las ich im Vorwort der Sonderausgabe der Stadionzeitung und zog den Kragen hoch, weil eine kalte Böe durch das Rheinstadion wehte. Ein guter Satz ist das, wie es überhaupt viele gute Sätze über Fortuna Düsseldorf gibt. Die besten haben die Fans des Klubs geschrieben. Je tiefer der Verein sank, um so eindringlicher wurden ihre Worte. „Liebe kann man nicht erklären", stand auf einem Transparent in der Kurve. Aber man will eben doch Erklärungen, wenn die Liebe so unglücklich ist, wie die zur Fortuna. Aus Verzweiflung wird Literatur, denn in der Not erstehen die besten Sätze. Ich fand noch einen besonders guten, während unten auf dem Rasen Einlagespiele und Showauftritte die Abschiedspartie in Gang setzen sollten. „Je trüber die Zukunft, umso glorreicher die Vergangenheit", stand im Fanzine „Nimm mich Volley".

Mir fiel dazu ein, dass ich in der Vergangenheit hier einmal richtigen Spaß hatte. Zwei Spieltage vor Ende der Saison 1990/91 musste der VfL Bochum im Rheinstadion unbedingt gewinnen, um in der Bundesliga zu bleiben, und lag nach einer halben Stunde mit 0:3 zurück. Als noch zwanzig Minuten zu spielen waren, stand es wundersamer Weise nur noch 3:2 für Fortuna Düsseldorf, und einer seltsamen Eingebung folgend begann ich, für die Umstehenden einen Angriff des VfL laut zu kommentieren, wie ein Radioreporter. „Peter Peschel nun über rechts, flankt in den Düsseldorfer Strafraum, Dirk Helmig schraubt sich hoch und ... Tooor! Ausgleich für den VfL Bochum!" Als im Gästeblock alle jubelten, schaute mich mein Nebenmann immer noch entgeistert an, als wäre ich der geheime Lenker des Spiels und sagte mit ernstem Gesicht: „Kann'se dat noch ma' machen?"

Konnte ich nicht, aber eine Minute später fiel der Siegtreffer, und zum einzigen Mal überhaupt hatte mein Team drei Tore Rückstand noch in einen Sieg verwandelt. Da war es auch nicht weiter schlimm, dass wir hinterher in den präriehaften Weiten der Parkplätze um das Rheinstadion das Auto lange suchen mussten und noch länger im Stau standen, obwohl wieder mal nur elftausend Zuschauer dagewesen waren.

Ein Jahr später wurde Fortuna Düsseldorf in der einzigen Saison, in der das möglich war, 20. der Bundesligatabelle und stieg ab. In den letzten 16 Spielzeiten brachte es der Klub auf neun Ab- und Aufstiege zwischen erster und vierter Liga. „Wir können alle zur Verzweiflung bringen, aber am besten uns selbst. Wir können als einzige immer noch schlechter werden", las ich in „Nimm mich Volley".

Wenigstens musste Fortuna Düsseldorf nur noch dieses eine Mal im Rheinstadion spielen, das der Klub nie ausverkaufen konnte, weil sich die Stadt nie wirklich für seinen Fußballverein interessiert hat. „Wir sind die Abrisskolonne", stand auf dem Transparent, das die Essener Fans mitgebracht hatten, und in der zweiten Halbzeit zündeten sie einige Plastiksitze an. Der architektonische Irrtum wurde wirklich abgerissen, um einem weiteren Platz zu machen. Es wird eine Super-Arena entstehen, die niemand braucht, vom ruhmsüchtigen Oberbürgermeister abgesehen.

„Wir können schwimmen und trotzdem untergehen. Wir können tot sein und wieder auferstehen. Wir sind Fortuna Düsseldorf. Wir können alles", hebt der Autor von „Nimm mich Volley" zum abschließenden Gebet an. Als das letzte Spiel im Rheinstadion abgepfiffen war, gingen die Zuschauer nach Hause und waren froh, hierhin nicht mehr wiederkommen zu müssen. Vielleicht hoffen sie auch, überhaupt nie mehr wiederkommen zu müssen, denn manchmal ist Fußball einfach zu viel.

Heimweh

> „Nur nach Hause geh'n wir nicht!"
> *Liedtext*

Meine Tage als Spitzenreiter

Im Spätsommer des Jahres 2002 nahm mein Leben eine merkwürdige Wendung. „Bleibt alles anders", hätte Herbert Grönemeyer, von dem später noch die Rede sein soll, dazu singen können. Wobei natürlich nicht alles anders wurde, aber die Dinge gerieten doch so durcheinander, dass ich nicht recht wusste, was ich damit anfangen sollte.

Ein wenig Halt und Orientierung fand ich damals im Internet, dessen therapeutische Wirkung nicht zu unterschätzen ist. Besonders hilfreich sind die so genannten Foren, in denen sich Menschen mit Essstörungen, Selbstmordtendenzen oder Fußballbegeisterung zum Austausch existenzieller Fragen treffen. Auch die Anhänger des VfL Bochum haben ein solches Forum, in das sie Beiträge von oft bescheidener intellektueller Qualität und mitunter verheerender Orthografie posten. Doch so fragwürdig das Gebrabbel oft ist, schaute ich doch regelmäßig dort vorbei, denn zweifellos teilte ich mit den meisten Besuchern ein Problem: Unser Klub war Spitzenreiter.

„Endlich schwelgen können, ohne kiffen zu müssen", war mein absoluter Forums-Lieblingssatz, dessen Schreiber berauscht das Ruhrstadion verlassen hatte, nachdem der VfL Bochum mit 5:0 gegen Energie Cottbus gewann und zum ersten Mal überhaupt Spitzenreiter in der Bundesliga wurde. Ist doch eine prima Sache, dass es für ein wenig Glückseligkeit ums Ruhrstadion kein gehirnerweichendes Haschisch braucht, könnte man meinen. Und wo denn nun das Problem sein soll, wo doch Tabellenführungen eine ganz normale Sache sind.

Den eher VfL- als THC-berauschten Einlassungen in besagtem Forum merkte man allerdings an, dass eine Tabellenführung in Bochum für echte Identitätsprobleme sorgte. „Ich werde psychisch nicht damit fertig", schrieb einer, und ich konnte ihn bestens verstehen. Die Welt des VfL Bochum ist ewiger Abstiegskampf, Fahrstuhlfahrten zwischen den Ligen, Schmerz, Trauer und Hoffnung. Ein zähes „Ihr da oben, wir hier unten" ordnet die Welt seit Anbeginn. Am 9. März 1974 habe ich zum ersten Mal ein Spiel im Ruhrstadion gesehen, das damals noch Stadion an der Castroper Straße hieß, und in den mehr als 28 Jahren danach war mein Klub nicht ein einziges Mal Spitzenreiter der Bundesliga (davor selbstverständlich auch nicht).

So schaute ich am Abend des zweiten Spieltags zwar mit debilem Grinsen viel zu lange auf die Tabelle im Videotext, befürchtete aber anschließend, dass mein Leben ein anderes werden könnte. Noch verwirrender wurde es nämlich, als die Mannschaft auch eine Woche später weiterhin oben stand, nachdem ich zugesehen hatte, wie sie völlig verdient bei Bayer Leverkusen siegte und die verteidigte Tabellenführung mehr als eine historische Kuriosität war. Auch die Glückwünsche von Freunden und Bekannten häuften sich, und die Frage wurde öfter gestellt, wie man sich als Spitzenreiter denn so fühlen würde. Das hatte einen seltsamen Unterton, als wollte erkundet sein, wie es denn so mit Claudia Schiffer als neuer Partnerin ist oder wie sich der Job als Chefredakteur des „Spiegel" anfühlt.

Sieger waren mir aber immer schon langweiliger als jene, die interessant zu scheitern wissen. Deshalb fand ich es auch immer cool, Anhänger des VfL Bochum zu sein, weil es im Grunde haltlos uncool ist. Und es erschien mir etwas dubios, dass Herbert Grönemeyer seine neue Platte zur gleichen Zeit mit dem Hinweis vorstellte, er würde blau-weiße Unterwäsche tragen, nachdem er sich doch jahrelang nicht mehr zum VfL Bochum bekannt hatte. Neben diesen komplizierten ideologischen und identitätspolitischen Verschwurbelungen gab es ein ganz praktisches Problem des Reitens an der Spitze: Es kann nur schlechter werden. Als Vierzehnter kann man davon träumen, vielleicht

Elfter oder gar Fünfter zu werden. Doch der Erste lebt mit der nagenden Gewissheit, dass der Tag kommen wird, an dem er es nicht mehr ist. Beim VfL Bochum kam er nach drei Wochen, in denen alle so glücklich waren, dass die Psychotherapeuten der Stadt reich wurden.

Stift im Arsch

Auf der Autobahn zwischen Rotterdam und Arnheim erzählte Harry vom FC Middlesborough. Das war insofern bemerkenswert, weil wir am Vorabend das hübsche EM-Spiel zwischen Holland und Dänemark gesehen hatten und auf dem Weg zur Partie zwischen Portugal und Rumänien noch im Trainingslager der holländischen Nationalmannschaft vorbeischauen wollten. Doch was ist schon die große und glamouröse Welt des Fußballs gegenüber den hässlichen Entlein des Spiels, zu denen unsere Zuneigung tief ins Herz eingeschrieben ist.

Harry stammt aus der Nähe von Middlesborough und folgt dem Klub seit Jahrzehnten mit treuer Anhänglichkeit und zunehmender Gelassenheit. Er ist einer der witzigsten Menschen, die ich kenne, weshalb er zu Recht als humoristischer Reiseautor und Fußballschreiber arbeitet. Aber unser Gespräch nahm bald eine Wendung zum Ernsthaften, als wir begannen, die Vor- und Nachteile der neuen Fußballwelt zu vergleichen. Im Rahmen unserer kleinen Betrachtung des kulturellen Wandels in den Stadien erzählte Harry über den veränderten Klang des Torjubels in Middlesborough, seit der Klub in ein schickes, neues Stadion umgezogen ist, in dem es, wie überall in England, nur noch Sitzplätze gibt. Früher, so meinte er, hätte der Torjubel immer einen aggressiv grollenden Unterton gehabt. So wie er es beschrieb, schienen die Fans im Ayresome Park über dem Gegner in diesem Moment ihre ganzen Frustrationen einer wieder mal trüben Woche im Norden Englands ausgekippt zu haben. Auf der Insel, daran konnte auch ich mich noch gut erinnern, hat Torjubel oft so geklungen, als ob die Zuschauer sich gerade übergeben hätten, um es einmal etwas drastischer zu sagen. Das wäre inzwischen anders geworden, meinte Harry, wenn auch noch weit entfernt von dem, was wir am Abend zuvor in Rotterdam erlebt hatten. Da hatten uns fröhliche Dänen in Schunkelstimmung und Holländer mit lustigen Hüten die Köpfe schütteln lassen. Die meisten von ihnen Fans auf Sponsor-Tour, Incentive-Reisende ins Event-Land. Lustiger Karneval statt entschlossene Hingabe.

Solche Klagen führen immer ins Leere. Denn die frustrierten Fans des FC Middlesborough von einst, ihre Gewalttätigkeit, ihre Dumpfheit, nicht seltener Rassismus, latente oder offene Frauenfeindlichkeit, wollten wir natürlich auch nicht als taugliche Alternative hochleben lassen. Trotzdem gibt es einen untergründigen Groll auf jene Zuschauer, die nur ins Stadion kommen, um dort eine gute Zeit zu verbringen. Austauschbar, als hätten sie auch ein Musical-Wochenende buchen können. Die meinen es doch nicht ernst! Aber warum tun sie es? Eigentlich hätten wir an dieser Stelle über „Fever Pitch" reden sollen. Nick Hornbys so begeistert gelesenes Buch über Fußball ist das nämlich nur vordergründig, sondern in Wirklichkeit eines über Väter und Söhne. Und viele von uns vermeintlichen Nostalgikern hängen den verschlungenen Vater-Sohn-Geschichten der Vergangenheit nach, die wir auch in der 25. Spielzeit noch mit ins Stadion bringen, um bedauernd festzustellen, dass die Männerwelt drumherum schon längst zerbröselt ist.

Darüber sprachen wir nicht, als wir über holländische Autobahnen rollten, vielleicht, weil uns das so klar war, dass wir es gar nicht mehr erwähnen mussten. Vielleicht, weil uns so klar war, dass wir es wieder vergessen hatten. Als wir schließlich auf das Stadion in Arnheim zufuhren, erzählte Harry die Geschichte von dem alten Mann, der in Middlesborough über Jahre und Jahrzehnte die umstehenden Fans mit immer demselben Zwischenruf nervte. „Hey Schiri, hast du deinen Stift im Arsch stecken", rief er bei jedem Foul an einem Spieler der heimischen Mannschaft. Immer nur diesen einen Satz. Sein samstägliches Ziel war es, Verwarnungen oder gar Platzverweise für die Gegner zu fordern. Das machte er in jedem Spiel zigfach, an jedem Wochenende, in jeder Saison, viele Jahre lang. Und wir kamen zu dem Schluss, was er für ein gottverdammter Idiot gewesen sein muss und dass wir solche Leute heutzutage manchmal vermissen.

Traurige Heimkehr

Mein Vater war nicht zu Hause, und vielleicht hatte ich genau darauf spekuliert. Ohne einen Vorwand wäre es mir wohl zu sentimental vorgekommen, an diesem schönen Sonntag im Herbst 1999 eine gute Stunde mit dem Auto zu fahren, um mir ein Spiel der vierten Liga anzuschauen. Wenn auch nicht irgendein Spiel irgendeines Oberligisten. Früher war ich oft am Schloss Strünkede gewesen. Zunächst mit meinem Vater, irgendwann mit meiner ersten Freundin, die Fußball hasste und am Ende den Vorsitzenden des Vereins heiratete. Hier hatte ich meine ersten Fußball-Helden verehrt, hier hatte ich mich in das Spiel verliebt.

Mit den diversen Abstiegen waren meine Besuche seltener geworden, in den letzten Jahren hatte ich kaum noch Spiele gesehen. Westfalia Herne war zwischendurch bis in die Landesliga verschwunden, in die sechste Klasse, wo sich der Fußball nicht mehr viel von eigenen Bemühungen unterscheidet. In den letzten beiden Spielzeiten hatte sich die Situation durch zwei Aufstiege hintereinander wieder verbessert, aber an diesem Sonntag suchte ich etwas anderes als erfolgreichen Sport.

Ich fand es gut, vor dem Kassenhäuschen aus Backstein in einer Schlange warten zu müssen. Ich erkannte einige Gesichter von damals wieder. Mitte der siebziger Jahre hatten wir gemeinsam zugeschaut und in unserem Fanklub besungen, wie Westfalia in die Zweite Liga aufstieg und an einem historischen Sonntag gegen den späteren Aufsteiger Borussia Dortmund mit 2:1 gewann. Als Peter Cordes den entscheidenden Elfmeter verwandelte, jubelten die 27.000 Zuschauer so laut, dass meine Mutter es noch zu Hause hören konnte – zwanzig Minuten Fußweg entfernt.

Es waren im Lauf der Jahre aber auch andere Besucher dazugekommen. Einer drängelte sich in der Schlange vor der Stadionkasse an mir vorbei. Er trug eine hellgrüne Bomberjacke, kurzgeschorenes Haar und Springerstiefel. Auf dem Anstecker am Kragen der Jacke stand „White Power". Der Jungnazi mit Brille redete mit seinem Vater darüber, wie viele Brötchen er für seine Geburtstagsparty bestellen müsse. Die Tristesse von Herne, einer der ärmsten Städte im Ruhrgebiet, muss sich nicht hinter der in Ostdeutschland verstecken. Gegenüber der Tribüne, am Rand der langen Stehgerade saßen ein paar Männer auf den Stufen, die schon etliche Flaschen Bier leergearbeitet hatten. Als sie einen Anhänger der Gastmannschaft verscheuchen wollten, der in ihrer Nähe jubelte, waren sie bereits zu betrunken.

Das Stadion mit seiner großen Tribüne und den weitgezogenen Stehtraversen ist immer noch schön, weil es von Bäumen eingefasst ist. Nur ist es viel zu groß. Seltsamer noch als die Diskrepanz zwischen Angebot und Nachfrage erschien mir aber, dass sich so wenig geändert hatte. Keine Umbauten, immer noch die alten plärrenden Stadionlautsprecher, nur die Stadionuhr war nicht mehr da. Die Zeit schien hier fast stehen geblieben.

Was bedeutete das für jene Leute, die all die Jahre nicht fortgegangen waren? Ich mochte sie nicht fragen, denn das hier, so dämmerte mir, war nicht mehr mein Ort. Deshalb suchte ich in der zweiten Halbzeit den Abstand zu vergrößern und setzte mich in den Scheitelpunkt der Kurve, die ich fast für mich allein hatte. Das Spiel wurde zu einem wunderbaren Auf und Ab, Westfalia holte einen Rückstand von zwei Toren auf, obwohl sie in Unterzahl spielte. Beim zweiten Treffer sprang ich auf, jubelte laut und war darüber einen Moment lang überrascht. Unter dem Tribünendach hallten Anfeuerungsrufe wider, die Mannschaft gab alles. Und doch wurde Westfalia am Ende zum romantischen Verlierer, als die Gäste mit dem letzten Schuss den

Siegtreffer erzielten. Ihr Freistoß flog in den Winkel, und unsere Spieler sanken enttäuscht auf dem Rasen zusammen. Ich applaudierte ihnen von meinem fernen Platz in der Kurve, dann rief ich meinen Vater an. Er war immer noch nicht zu Hause.

Droge „Reviersport"

Was ist das für ein Tag, an dem man aufwacht und im Kopf sofort Wolfgang Petry hört? „Ihr seid das Ruhrgebiet, die Droge, die uns süchtig macht", singt der Mann, den alle Schlagergott nennen und der es auch ist. Petry kommt zwar aus Köln, weil er aber so unglaublich fest mit beiden Beinen auf dem Boden steht, hat er diese Hymne ans Revier geschrieben und eines seiner größten Konzerte im Gelsenkirchener Parkstadion gegeben. Ich habe es mir mit gruselschauernder Begeisterung einen Samstagabend lang im ersten Fernsehprogramm angeschaut.

Wolfgang Petry ist so prima wie das Ruhrgebiet, und deshalb muss hier endlich einmal der „Reviersport" gepriesen werden. Seit Jahren bin ich treuer Abonnent dieser regionalen Sportzeitung, die natürlich vor allem eine Fußballzeitung ist und mich erfahren lässt, ob beim MSV Duisburg ein Sack Reis umgefallen ist. Wer auch noch wissen will – und ich will! –, was bei Wattenscheid 09 oder Westfalia Herne passiert, kommt am „Reviersport" sowieso nicht vorbei.

Angesichts einer Berichterstattung, die selbstverständlich mit beiden Beinen auf dem Boden steht, ist es jedoch umso erstaunlicher, dass sich dort eine in Deutschland einzigartige Überschriftenkultur entwickelt hat. Die aber nicht mit der des „Kicker" zu verwechseln ist, wo mit kindlicher Freude Namenswitze gemacht werden, die nur manchmal ins Geheimnisvolle überlappen, wenn etwa über einen erfolgreichen Torschützen geschrieben wird: „Feinbier machte seinem Namen alle Ehre." Doch das ist nichts im Vergleich zu den Headlines im „Reviersport", die nachgerade Mysterienspiele zu betiteln scheinen. Zumindest braucht man langjährige Lektüre oder Erfahrungen beim Lösen des „Zeit"-Rätsels, um aus den Überschriften zu schließen, worum es im darunter stehenden Text gehen könnte. „Nach Böhmes Weck-Giebel-Knaller folgte ein meisterlicher Dreier" will etwa sagen, dass der Spieler einen Ball in den Winkel des gegnerischen Tores schoss, dadurch seine zuvor müde spielende Mannschaft aufweckte, die sich zu einem Sieg aufschwang, der eines Deutschen Meisters würdig ist.

Verdichtung ist alles, gerade am Ende einer Saison. „Rettungs-Ufer wieder weg", heißt es nach einer Niederlage von Rot-Weiß Essen, das also das so genannte rettende Ufer noch nicht erreicht hat und sich weiterhin vor dem Abstieg ängstigen muss. Andernorts ist Lage noch komplizierter: „Sportlich ,Fallschirm' gezogen! Dienstag droht Bürgschafts-Sarg". Die sportliche Rettung vor dem Abstieg steht dort zwar fest, aber der Verband fordert für die kommende Saison eine Bürgschaft, die bislang noch nicht gesichert ist, so dass die Hoffnung der tapferen Fallschirmspringer bald beerdigt sein könnten.

Die Überschriftenkönige vom „Reviersport", man ahnt es schon, huldigen einem bizarren Schönheitsideal. „Zebras holen Grasfresser", ist vielleicht die schlichteste und schönste Headline der letzten Monate. Sie will uns sagen, dass der Zebras genannte MSV Duisburg fleißige und engagierte Spieler verpflichtet hat. „Schuhe mit Aufstieg an den Nagel hängen", will hingegen ein Oberligaspieler, aber sich dabei nicht verheddern, sondern vor dem Ende seiner Karriere noch einmal aufsteigen. Die Vertragsverhandlungen eines Argentiniers in Schalke, der am nächsten Tag eventuell einen Kontrakt unterzeichnen soll, ist nach dem geheimnisvollen Weg durch seltsame „Reviersport"-Windungen: „Südamerikaner noch als ,Touri' – Signatur morgen?"

Das absolute Meisterwerk aus der Überschriften-Schmiede in Essen beschäftigt sich mit dem örtlichen Fußballklub Rot-Weiß: „Pleß – dann auch Baich, Fischer! Linker Tutas für Hochprozentiges". Ein Kunstwerk von irisierender Schönheit, das bis ins letzte Detail durchgefeilt ist. Man ahnt bestenfalls, dass es erneut um die Personalpolitik geht, aber sonst liegt alles im Dunkel. Also: neuer Trainer wird ein Herr namens Pleß, weshalb er von den möglichen neuen Spielern durch einen Gedankenstrich abgetrennt und schließlich mit einem Ausrufezeichen versehen ist. Der Linke Tutas ist das übrigens nicht politisch, sondern auf der Außenbahn des Spielfeldes und glücklicherweise auch kein Alkoholiker, sondern hat seinen gelernten Beruf als Destillateur wieder aufgenommen.

Puh, beim „Reviersport" würden sie bestimmt auch die Bibel in einer Überschrift zusammenfassen. „Hölle, Hölle", würde Wolfgang Petry dazu dröhnen, so wie in seinem größten Hit „Wahnsinn". Aber vielleicht sollte der Schlagergott mal über den „Reviersport" singen. Die Droge, die uns glücklich macht.

Warum es nicht immer leicht für mich war, Bundesligatorhüter zu sein

Wahrscheinlich denken viele Leute, natürlich nur ganz tief drinnen und allein für sich, dass es toll wäre, mal um ein Autogramm gebeten zu werden. Dann fragt aber doch wieder kein Schwein, weshalb ich hier gerne tröstend erklären möchte, dass es mit den Autogrammen so eine Sache ist. Ich wurde nämlich eine Zeit lang häufig danach gefragt, allerdings, um streng bei der Wahrheit zu bleiben, nur in der Nähe des Bochumer Ruhrstadions. Vor allem Kinder streckten mir plötzlich wortlos ihre Stifte entgegen und schauten mich erwartungsfroh an. Aber immer dauerte es einen Moment, bis ich verstanden hatte, was sie von mir wollten. Und schon war ich an ihnen vorbeigelaufen.

Zum ersten Mal passierte es jedoch am Fuße des Fritz-Walter-Stadions in Kaiserslautern, als der VfL Bochum dort ein Auswärtsspiel austrug. Danach lungerte ich am Mannschaftsbus der Bochumer herum, um zu notieren, was die Beteiligten zum Spiel zu sagen hatten, als ich zarte Mädchenstimmen rufen hörte: „Hallo, Herr Ernst." Ich drehte mich um, weil nun wohl Bochums Keeper Thomas Ernst, der immer etwas Vernünftiges zu sagen hat, zu kommen schien. Kam er aber nicht, und doch wollten die Mädchenstimmen nicht verstummen. Schließlich gab es keinen Zweifel, die drei 13-jährigen Autogrammjägerinnen in den Kaiserslautern-Trikots schauten voll sehnsüchtiger Begeisterung mich an und wollten ihr Thomas-Ernst-Autogramm von mir. Meine Reaktion war jämmerlich. Ich zog hilflos die Schultern hoch und sagte seltsam piepsig: „Ich bin nicht Thomas Ernst." Dabei war es für die drei Mädchen doch völlig klar, dass ich Thomas Ernst sein musste.

Die Körpergröße, das Gesicht, die Nase, die Augenfarbe, die Haare – alles stimmt. Hatte ich gelogen?

Anschließend verwandelte ich mich zunehmend gelassener und routinierter in den Torwart des VfL Bochum. Das war gut für die entsetzten Zuschauer, die mich noch eine halbe Stunde vor Anpfiff mit Freunden am Eingang des Ruhrstadions schwatzen sahen. Wenn ich, „Wie, spielst du heute nicht", gefragt wurde, sagte ich beruhigend, „Doch, doch, kein Problem." Schwieriger wurde es, wenn mich die Übereifrigen gleich auf den Rasen scheuchen wollten: „Hömma, jetzt mach' dich aber mal warm!"

Zu einem besonders problematischen Fall entwickelte sich ein älterer Herr mit Fliege und blau-weißem Schal, der immer lauschte, wenn die Spieler nach Abpfiff von den Journalisten befragt wurden. Dabei machte er gelegentlich unhöfliche Bemerkungen oder fragte Gästestürmer halblaut, ob sie sich nicht „einfach zu dämlich angestellt" hätten. Deshalb war es besonders unangenehm, wenn er mich ganz vertrauensvoll auf die Seite zog, um zu fragen: „Und wie haben Sie es gesehen, Herr Gustl?" Womit wir bei einer besonderen Bürde meiner Doppelpersönlichkeit sind. Besagter Spitzname gründet sich auf der vermeintlichen Ähnlichkeit zwischen Thomas Ernst und Gustav Gans, dem so glücks-dusseligen Vetter von Donald Duck. Aus Gustav wurde Gustl, aber wer will wie Gustav Gans aussehen und sich dann auch noch Gustl rufen lassen?

Außerdem hat Berühmtheit den Preis, dass man einen Arsch nicht mehr „Arsch" nennen darf. Als ich einmal aus dem Stadion kam, quatsche mich ein echter Vollblödmann schräg von der Seite an. Ich wollte ihn schon ordentlich zusammenscheißen, als mir klar wurde, dass er nicht mich, sondern Gustl meinte. Als Thomas Ernst, öffentliche Person, aber fand ich es ratsam, Rückhaltung zu üben, woran man sieht, dass es nicht leicht ist, Bundesligatorhüter zu sein.

Brüderliche Hellsichtigkeit

Der Umgang meines Bruders mit Fußball hatte immer eine etwas leichtere Note als mein eigener. Jahrelang haben Claus und ich zwar auf der Tribüne unseres Lieblingsvereins zusammen gestanden, aber für ihn hatten die Ereignisse auf dem Rasen nie so weit gehende Bedeutung wie für mich. Empörend fand ich es etwa, wenn er bei Gastspielen des FC Bayern die Seite wechselte und sich das Spiel aus der Kurve der Gästefans anschaute, um einen der wahrscheinlichen Siege über unseren Klub zu feiern. Als Ausweis mangelnder Charakterfestigkeit erschien mir das. Eine regional unerklärliche Vorliebe für Werder Bremen oder den VfB Stuttgart hätte ich ihm noch verzeihen können, aber nicht eine für die Erfolgsfabrikanten aus München.

Außerdem setzte er seine Besuche im Stadion immer wieder wochenlang aus, ja er verpasste ganze Halbserien. Mitunter schien Claus den Kontakt zum Fußball fast völlig verloren zu haben, hatte weder von sensationellen Transfers noch atemberaubenden Skandalen gehört, derweil ich versuchte, den Ereignissen möglichst lückenlos zu folgen. Die offensichtliche Sorge trieb mich, durch ein verpasstes Heimspiel den Kontakt zum großen Ganzen zu verlieren, während es für Claus wohl nur um einen schönen Zeitvertreib ging. Jedenfalls tauchte er irgendwann wieder auf, stellte sich im Stadion neben mich und jubelte dann einfach wieder so enthusiastisch oder fluchte so beeindruckend derb wie alle anderen Gemeindemitglieder drumherum auch – als wäre er nie weg gewesen.

Von meiner Position aus, die man durchaus puristisch nennen kann, erschien mir dieses Verhalten meines Bruders als Ausdruck schwankender Persönlichkeit. Noch schlimmer aber war, dass sich in den empörendsten Momenten, die ich mit ihm erlebt habe, sein kompromisslos klarer Blick offenbarte. Ich kann mich noch gut erinnern, als Claus zum ersten Mal den bösen Satz aussprach und ihm auch gleich die Tat folgen ließ. „Das wird heute nichts", sagte er, „ich geh' jetzt, tschüss." Dann schob er sich durch die Menge dem Ausgang zu, und ich schaute ihm entsetzt hinterher. Eine halbe Stunde vor Ende des Spiels, wo doch nichts verloren war.

Einige Wochen später wiederholte sich dieses Schauspiel erneut, was von den Umstehenden mit noch heftigerem Kopfschütteln begleitet wurde. Diesmal ging er nämlich schon zur Halbzeitpause und wieder einige Spiele später bereits nach zwanzig Minuten. Offensichtlich hatte er Vergnügen an seinen frühen Abgängen gefunden. Etwas rebellisch wirkte er dabei. Hatten wir nicht gelernt, dass aufgegessen wird, was auf den Teller kommt und die neunzig Minuten mit Nachspielzeit auch? Er aber ließ den Rest einfach liegen. Das Schlimmste und zugleich Großartigste daran war: Er behielt stets Recht. Es wurde wirklich nichts mehr. Seine Abgänge waren die eines Propheten der Niederlage. Ohne Claus war keine Hoffnung mehr, das Urteil war gesprochen, es galt nur noch, die Zeit bis zum Vollzug der Niederlage zu erdulden.

Schon lange haben wir kein Spiel mehr zusammen angeschaut, was angesichts dieser Umstände wohl verständlich ist. Andererseits wäre es auch mal wieder schön, denn ich würde gerne wissen, ob er immer noch vor dem Abpfiff das Stadion verlässt, weil er längst gesehen hat, wohin sich das Rad des Schicksals bewegen wird. Oder ob diese unerträgliche Hellsichtigkeit endlich verflogen ist.

Willkommen in der schönsten Stadt Deutschlands!

Ja, ich lebe in Köln! Und das kann in der großen Stadt am Rhein nie einfach nur eine Feststellung sein, sondern ist selbstverständlich immer ein Bekenntnis. Oder, um es mit Michael Trippel, dem Stadionsprecher des 1. FC Köln, zu sagen: „Willkommen in der schönsten Stadt Deutschlands." So begrüßt er, einem längst tief verwurzelten Ritual folgend, vor allen Spielen im Stadion zu Müngersdorf das Publikum, ob es nun aus der schönsten oder aus weniger schönen Städten des Landes angereist ist.

Jetzt bitte keine übereilte Heiterkeit aufkommen lassen, niemand auf den bestens gefüllten Rängen bricht in schallendes Gelächter aus. Wo Köln ist, da ist oben und eben alles am schönsten. Davon würden sich die Einheimischen selbst während der endlos langen Straßenbahnfahrt die Aachener Straße hinauf nicht beirren lassen. Auch wenn entlang der Strecke zum Stadion etliche dieser schauderhaften Kölner Badezimmer-Häuser zu bestaunen sind, wie man sie behelfsmäßig nennen könnte. Es handelt sich dabei um Gebäude, die durch ihre verkachelten Fassaden wie nach außen gestülpte Badezimmer aussehen. In Köln stehen sie an noch mehr Ecken als in Oberhausen.

Irgendwer von irgendeinem Architektenbund hat behauptet: „Köln ist die hässlichste Stadt Deutschlands." Dabei handelt es sich offensichtlich um Leute, die noch nie ein Auswärtsspiel in Gelsenkirchen oder Stuttgart besucht haben. Außerdem geht es um Badezimmer-Häuser so wenig wie um eine Stadtplanung aus der Gnade des Deliriums, infolge derer Köln keine Stadt am Rhein ist, sondern eine Stadt, die an einer Durchgangsstraße liegt, die am Rhein vorbeiführt. In Wirklichkeit meint Herr Trippel nämlich so etwas wie innere Schönheit. „Der Kölner als solcher hat eine besondere Bindung zu seiner Heimatstadt", erklärt der ausgebildete Schauspieler, der im wirklichen Leben als Lobbyist einer Pharmafirma arbeitet. „Wir in Köln haben eben ein eigenes Selbstbewusstsein", fügt er hinzu. Von dessen Funkeln fühlen sich Menschen aus Nah und Fern angezogen und streben dem Stadion entgegen. „Vielleicht wollen sie ein Stück Kölner sein", vermutet Trippel. Wollen wir das nicht alle?

Wie der Kölner, der von Natur aus den Bewohnern anderer Städte und Landstriche überlegen ist, ist es auch der 1. FC Köln. Wenn Köln die schönste Stadt Deutschlands ist, ist der 1. FC Köln zweifellos der beste Klub des Landes. Köln und sein erster Fußballklub erklären sich wechselseitig – und schöpfen dabei aus der Geschichte. 1948 als Fusion der etwas popelig klingenden Vorortvereine KBC und Sülz 07 gegründet, verdonnerte Vereinspatriarch Franz Kremer den 1. FC Köln bei seiner Geburt zu einer der Stadt angemessenen Größe. So trugen die Spieler des Klubs bald weiße Trikots. Solche hatte auch Real Madrid an, die damals beste Mannschaft der Welt. Diese Trikots haben alle, die mit dem 1. FC Köln zu tun haben, seitdem nicht mehr abgelegt. Was mitunter eine traurige Geschichte wurde, wenn gewisse, sagen wir, Divergenzen zwischen Anspruch und Wirklichkeit entstanden.

So stieg der 1. FC Köln 1998 zum ersten Mal in die Zweite Bundesliga ab, was in der Stadt als eine Aufhebung aller Naturgesetze verstanden wurde. Weil Real Madrid sich außerdem weigerte, parallel abzusteigen, entstand ein untragbarer Zustand. Zum ersten Spiel des Klubs in der neuen Spielklasse zogen die langjährigen Berichterstatter der Tageszeitungen ihre Tropenanzüge an und begannen die Expedition ins unerschlossene Gütersloh. Dort fanden sie unglaubliche Zustände vor, ein kleines Stadion, einen winzigen Presseraum, aber immerhin: die Menschen waren nett. Ein freundlicher Parkplatzwächter winkte ihnen gar hinterher, kabelte einer in die Heimat am Dom. Mr. Livingston, I presume.

Dem Chef der Lokalausgabe eines großen Boulevardblatts waren die anthropologischen Ausflüge in von ihm nicht kartografierte Fußballgegenden jedoch bald unter seiner Würde. Selbst nach Müngersdorf kam er dunkel schmollend nicht mehr, auch nach dem ersten Wiederaufstieg blieb er zu Hause. Man sieht, hier ist viel so genanntes „Jeföhl" im Spiel, für das im Schatten des Doms nicht zuletzt der „Express" zuständig ist. Die schnelle Zeitung vom Rhein, wie sie sich selbst lobt, ist daher bei der Berichterstattung über den ersten Fußballklub der ersten Stadt stets auf der Überholspur unterwegs. Nicht zuletzt in einem Fall, bei dem die Gazette zwei der beliebtesten Sujets von Boulevardzeitungen zu verbinden wusste: Fußball und Tiere.

Das ergibt sich in Köln sowieso fast von selbst, weil doch die Stadt, na ja auf jeden Fall der Verein, ganz im Zeichen der Ziege bzw. des Geißbocks steht. Im Vereinswappen ist er fest angenäht, und zu den Spielen reist Hennes VII., wie seine aktuelle fleischliche Erscheinung heißt, im so genannten „Hennes-Mobil" aus dem Stall von Bauer Wilhelm Schäfer in Köln-Widdersdorf (kein Witz) ins Stadion, um dort seiner Arbeit als Maskottchen nachzugehen. Zu den Aufgaben des „Kult-Stars" („Express") gehört es selbstverständlich auch, gelegentlich beim Training vorbeizuschauen oder zu Beginn einer Saison die neu hinzugekommenen Profis zu begrüßen.

Genau das sollte er wieder einmal – doch unter welch erschwerten Umständen. „Hennes trauert um seinen Freund", lasen wir mit Entsetzen in der Überschrift und dann mit zitternden Händen weiter. „Ausgerechnet vorm ersten Heimspiel des FC...", begann der fein ziselierte Bericht nur andeutungsvoll die ganze Tragik des gehörnten Paarhufers auszubreiten. „Der Hennes ist unglaublich traurig, hat gestern Morgen nicht ge-

gessen. Der Tod von Willi hat ihn sehr getroffen", erzählt uns Bauer Schäfer.

Doch wer ist dieser Willi, dessen Ableben sich wie eine schwarze Wolke über Deutschlands populärste männliche Ziege gelegt hat? Nun, Willi ist ein Kaninchen, das aber bitteschön nicht mit dem Karnickel verwechselt werden darf, das Berti Vogts einst bei seinem „Tatort"-Auftritt trug. Vielmehr teilte der nach zehn Jahren Lebenszeit sanft an Altersschwäche zugrunde gegangene Rammler lange Zeit den Stall mit der nun einsamen Ikone des 1. FC Köln.

Angesichts des Schicksalsschlages, einen echten Freund – die als „echte Fründe" im Kölner Liedgut fest „zusamme stan" – verloren zu haben, würde sich manch einer hängen lassen. Aber nicht so in der schönsten Stadt Deutschlands. Der „Express" hat uns nämlich eine Geschichte zu erzählen, die Mut macht: „Hennes, der Super-Bock. Ein echter Fan. Trotz Trauer tauchte er gestern pünktlich am Trainingsgelände des FC auf. Und konnte wieder ein wenig lächeln." Hurra!

Ja, ich lebe in Köln! Denn nur hier sind die Herzen der Menschen offen für Geschichten von toten Kaninchen und trauernden Ziegen. Und für ein musikalisches Programm, mit dem im Stadion „das Herz des Kölners angesprochen wird", wie Michael Trippel sagt. Das ist Karnevalsmusik, die aber im Zuge der Karnevalisierung des Lebens inzwischen das ganze Jahr zu gebrauchen ist. Sie bringt den Kölner nicht zuletzt dann in Schwung, wenn er ein Fußballtrikot trägt. „Es beflügelt mich, wenn wir ins Stadion einlaufen und kölsche Musik gespielt wird", sagte einmal Dirk Lottner, der langjährige Mannschaftskapitän des 1. FC Köln. Er und Trippel hatten sich zusammengesetzt, um das Programm für die Zeit abzusprechen, in der sich die Spieler auf dem Platz warm machen. Keine Werbung und keine englische Musik wollte der Kapitän, sondern puren Kölschgesang: „Beim Warmmachen ist das sehr inspirierend."

Der Kapitän des Klubs ist ein Junge aus Köln-Zollstock und hat mit der Karnevalistin Et Fussich Julche mal eine CD eingespielt, in der Lottner einen leicht umgetexteten Karnevals-Klassiker singt. Da heißt es, frei übersetzt: „Wir sind kölsche Jungen, haben Spitzenbüxchen an, da lassen wir uns nicht dran fummeln, da kommt keiner dran." Ursprünglich heißt es natürlich „kölsche Mädchen", denn was sollten Jungs schon in Spitzenunterwäsche, aber schon vor Jahren haben die Hooligans aus dem ehemaligen Block 38 das Lied adaptiert und umgedichtet. In der Stadt, wo Sprache und Bier den gleichen Namen tragen, steckt eben in manchem Gewalttäter ein Künstler.

So wird auf den Rängen im Falle des Sieges auch gerne jenseits der Session geschunkelt, was vor einigen Jahren sogar einem ehemaligen Ökosozialisten und Atomkraftgegner zu danken war, der als Berufsfußballer früher keine Autogramme schrieb. Er passte übrigens bestens ins Profil der von Falko Amadeus Rademacher verfassten Lästerschrift „Köln für Imis". In diesem Buch wird die These vertreten, dass für das Überleben der Stadt traditionell die Zugezogenen zuständig sind. „Wir dürfen im Interesse der Domstadt nicht zulassen, dass die Kölner wieder Herr im eigenen Hause werden", schreibt Rademacher.

Wahrscheinlich lebe ich deshalb gerne hier, und Ewald Lienen tat es auch. Er ist Ostwestfale, stammt also aus einer bekannt lustfeindlichen Gegend, in der die Menschen zu einem gewissen Radikalismus neigen. Der Mann an der Außenlinie ist ein fanatischer Temperenzler, der entschlossen gegen Tabak und Alkohol kämpft. Bei der Feier zum Aufstieg der Mannschaft in die Bundesliga verließ Lienen zum ersten Mal in seinem Leben eine Discothek erst nach Sonnenaufgang. Er war zu diesem Zeitpunkt 46 Jahre alt. Kein Wunder, dass in lokalen Zeitungen darüber berichtet wurde wie früher über die Mondlandung.

Geliebt wurde Lienen von den Kölnern nicht nur, weil er ein erfolgreicher Trainer war. Vor allem war er nicht wie sie. Die

Fans bejubelten ihn dafür, dass er den Verein Demut lehrte, und hingen dann im Stadion stolz das Transparent „Arrogantia Colonia" auf. Sie priesen ihn dafür, dass er Lottner damit quälte, nicht mehr zu rauchen und kein Bier zu trinken. Allerdings bejubelten sie Lottner gleichzeitig dafür, dass er rauchte und Bier trank, weil das so volkstümlich ist. Man sieht, die Lage ist verworren, denn so ist die kölsche Seele. Und wer's nicht versteht, wird nie kapieren, warum Köln die schönste Stadt Deutschlands ist.

Sex

„Wenn ich eine Frau wäre, würde ich mir
den ganzen Tag am Busen spielen."
Lothar Matthäus

Sex and the Footie

Frau Rummenigge gluckste aufgeregt und wollte mehr. Es konnte ihr gar nicht verdorben genug sein; jedes Mal seufzte sie zufrieden und flehte, ich solle bloß nicht damit aufhören, ihr noch weitere schmutzige Gerüchte aus der Bundesliga zu erzählen. Nicht zuletzt über Karl-Heinz Rummenigge, obwohl es sich bei meiner Gesprächspartnerin nicht wirklich um Frau Rummenigge, sondern um die Kollegin F. handelte (alle Namen geändert), die in der Jugend wegen ihrer grenzenlosen Liebe zum damaligen Fußballnationalspieler nur Frau Rummenigge genannt wurde. Einmal, so erzählte sie und gab aber gleich zu, dass sie dieses Erlebnis möglicherweise nur halluziniert hätte, wäre sie Karl-Heinz Rummenigge sogar persönlich begegnet. Bei einem Freundschaftsspiel des FC Bayern nahe ihrer Heimat hatte sie einfach den Mannschaftsbus bestiegen und dort ihren Helden getroffen, der auch mit ihr gesprochen hätte. Worüber, daran konnte sie sich aufgrund der pubertär-hormonellen Strudel allerdings nicht erinnern, oder weil sich die Begebenheit nie zugetragen hatte. Fortan war sie dem Mann jedenfalls verfallen und ist es eigentlich noch heute.

Da hört man als heterosexueller Mann neidisch zu, denn bei aller Begeisterung für das schöne Spiel und seine Protagonisten fehlt einem jene Möglichkeit zur Projektion leider völlig, die Frauen beim Umschlag ihrer Zuneigung für Pferde zu brodelnder Leidenschaft angesichts singender oder kickender Popstars entwickeln können. Kein Weg steht da zu solch zartem Schmerz offen, wie B. ihn bei ihrer unerfüllten Liebe zu Dieter Eckstein erfuhr. Sie reiste dem Stürmer nicht nur zu Auswärtsspielen des 1. FC Nürnberg hinterher, sondern verdankt Eckstein gar ihren heutigen Beruf. B. beschloss damals, Sportjournalistin zu werden, weil die Reporter sich dort aufhalten durften, wo sie nur zu gerne gewesen wäre, und beschenkte Eckstein mit einer Collage aus Zeitungsfotos, zwischen die sie Bilder von sich geschummelt hatte, um die Möglichkeit einer Verbindung zu visualisieren. (Später brannte das Ecksteinsche Haus ab und damit wohl auch die schöne Collage.) Als B. aber eine Einladung zum Kaffee aussprach, die Eckstein auch annahm, platzte seine Frau dazwischen und machte dem Spuk ein Ende.

Die Spielerfrau ist offensichtlich der natürliche Feind junger Fußballfans weiblichen Geschlechts. C. ist noch heute der Meinung, dass „Anja hätte kacken gehen können, wenn er mich gesehen hätte". Gemeint war der polnische Nationalspieler Andrzej Rudy vom 1. FC Köln, den C. einst per Brief und mit Hilfe eines Polnischwörterbuches aus der Stadtbücherei zu ihrer Geburtstagsparty eingeladen hatte. Rudy rief sogar an, was C. zunächst für einen Witz hielt, aber keiner war. Gekommen ist er dann doch nicht, hat sich aber später von Anja getrennt, nur leider nicht wegen C.

K. hingegen verliebte sich noch präpubertär in Sepp Maier und entwickelte daraus später die These, dass den Hütern der Tore in besonderem Maße die Zuneigung der Frauen gehören würde, weil das mit dem Wunsch nach einem Beschützer korrespondiere. Allerdings war das möglicherweise nur der komplizierte Überbau für den unverständlichen Umstand, dass sie noch in erwachsenen Jahren von Hollands segelohrigem Torhüter Edwin van der Sar in den Bann gezogen wurde.

Doch was sind das für Abgründe im Vergleich zu jenen, in die mir meine Freundin M. kürzlich einen Blick erlaubte, als sie über die sinister erotische Wirkung von Ansgar Brinkmann sprach. Die wird kaum jemand nachvollziehen können, der den „weißen Brasilianer" je spielen gesehen und seinen dampfenden Charme erlebt hat. Dass er gerade in einen Prozess wegen Körperverletzung verwickelt war, schien seine Attraktivität für M.

eher zu steigern. Eine Freundin besorgte ihr schließlich ein Foto von Brinkmann in Boxershorts. Dieses Bild im Goldrahmen fährt M. nun auf dem Beifahrersitz ihres Wagens (mit dem Sicherheitsgurt festgestellt) durch die Gegend und findet zufrieden: „Ich bin irre geworden." Als sie das Foto einem Fan des Klubs von Brinkmann zeigte, fragte der, ob er jeden Tag kommen und es putzen dürfe. Durfte er natürlich nicht, solcher Wahnsinn bleibt Frauensache.

Ein Käfig voller Weltmeister

Den Ball mit Schwung aus den Gräben Flanderns gekickt, vorwärts ins Feuer der gegnerischen Maschinengewehre. So war es im Ersten Weltkrieg, Dribblings in den Tod. Doch die Soldaten waren schwächlich, schlecht ernährt, und sie kamen untrainiert an die Front. Da durfte sich der Fußball – immer unter dem Verdacht, ein undeutscher Sport zu sein – als Massenertüchtigung profilieren. Zum Besten der Armeen, die sich fit machten für die Feldzüge des Zweiten Weltkriegs.

In der Woche vor Beginn der NATO-Angriffe auf Serbien prügelten sich die Hooligans von Roter Stern und Partizan beim Lokalderby in Belgrad. Das tun sie schon seit vielen Jahren, der Kriegsverbrecher Arkan hatte seine ersten Trupps auf den Rängen von Maracana, dem Stadion von Roter Stern, aus Fußballschlägern zusammengestellt. Später gehörte ihm der FK Obilic, der sogar einmal jugoslawischer Meister wurde. Einige serbische Spieler in den europäischen Ligen wären gerne gegen die Angriffe der NATO in den Streik getreten. Einer von ihnen verließ angeblich seinen Arbeitsplatz beim FC Metz, um daheim zu kämpfen.

Das Fußballspiel, so hieß es lange Zeit, stelle den Krieg nach. Die Sprachkritiker der siebziger Jahre wiesen in diesem Zusammenhang auf den Wortmüll im Fußball hin, auf all die Bomber im Sturm, Kanoniere in der zweiten Reihe und die von Scharfschützen abgefeuerten Granaten. Die Trainer fühlten sich auf ihren Bänken am Spielfeldrand wie Kriegsherren. Dass sich Dettmar Cramer als Napoleon fotografieren ließ, war nicht nur ein guter Witz über seine Körpergröße, sondern drückte auch eine Geistesverwandtschaft aus. Schließlich wollte ein Cramer auf dem mentalen Feldherrenhügel, dass seine Taktik aufging –

macht mir den linken Flügel stark. Vor allem aber zählte auf dem Platz der Kampf Mann gegen Mann, und die Leitwölfe sorgten dafür, dass in den Stahlgewittern der Zweikämpfe alle mitheulten.

Der Schriftsteller Klaus Theweleit hat mir einmal die Ohren lang gezogen, weil ich vor dem Finale der WM in Frankreich gespottet hatte, dass Spieler, die sich „Zizou", „Lolo", „Dudu" und „Titi" rufen lassen, also wie die Besetzungsliste einer Off-Theateraufführung von „Ein Käfig voller Narren", doch wohl nicht Weltmeister werden könnten. Davon abgesehen, dass es anders kam, hat er gesagt: „Gerade deshalb!" – und Recht hat Theweleit damit. Gerade in der so besonders schwulenfeindlichen Welt des Fußballs sind alle Risse im Männerbund nur Recht.

Doch auch ohne rosa Federboa haben die Spieler einen großen Teil ihrer soldatischen Aura verloren. Das hat damit zu tun, dass Fußball, auf der Höhe der Zeit betrieben, auch eine Abkehr von Kommandostrukturen bedeutet. Es gibt keine Arbeitsteilung mehr zwischen dem, der die Bälle holt, und dem, der sie danach kunstvoll verteilt. Das Vasallensystem von Macher und Wasserträger ist passé, Männer allein fürs Grobe und welche fürs Feine sind von Gestern.

Moderner Fußball bedeutet flache Hierarchien und eine Abkehr von der Vorstellung, dass nur die im Zweikampf aktivierte Aggression zum Erfolg kommt. Auch die Regelgestaltung und ihre Auslegung begünstigt eine Zivilisierung des Spiels sowie den Schutz seiner Akteure. Das mag darin begründet liegen, dass sie wertvollere Produktionsmittel geworden sind, tatsächlich ist Fußball dadurch aber weniger stumpf geworden und weniger brutal: Ein Fußballspiel stellt heute keine Schlacht mehr nach.

Für Nationalismen mag Fußball immer noch ein ertragreiches Feld sein, Krieg ist aus dem Geschehen auf dem Spielfeld aber nicht mehr ableitbar. Oder, diese Frage ist unausweichlich, gerade erst recht? Weil es längst ein ganz anderes Konzept von Krieg gibt, dem eine ähnliche Struktur unterliegt wie moderner Fußball?

Schwule Fotzen

Als Hertha BSC im Frühjahr 2000 in Leverkusen spielte, wurde die Mannschaft aus Berlin von einer stattlichen Zahl von Anhängern begleitet, die sich beachtliche Mühe gaben, alle über sie bestehenden Vorurteile zu bestätigen. Schließlich geht man gemeinhin davon aus, dass es im neuen Deutschland kein gruseligeres Fan-Klientel gibt als das von Hertha. Das sind gepflegte Traditionen, seit in den siebziger Jahren die Züge brannten, wenn Berliner „Frösche" in den Westen fuhren. Ich kann mich noch gut an einen Freitagabend vor einigen Jahren erinnern, als Hertha-Fans nach einem Zweitligaspiel im Ruhrgebiet zu ihrem Bus trotteten. Die Fußtruppen der Apokalypse, wie aus einem überbesetzten Fernsehspiel über Problemjugendliche. Der leptosome Nazi-Glatzkopf mit unreiner Haut neben dem schmerbäuchigen Rocker, der zerzauste Schultheiß-Proll mit Popelbremse und der hibbelige Turnschuh-Hooligan, es gab sie alle. Kein vernünftiger Mensch, nirgends.

Seit Fußball in Berlin mit Hilfe großer Investitionen zu einer halbwegs großen Sache aufgepäppelt wurde, sind solcherlei Gestalten im Olympiastadion eher unauffällig. Erst auf den Auswärtsfahrten kommen die Fans vom alten Schlag wieder zusammen, wie in Leverkusen etwa. Dort trugen sie eine Beleidigung vor, die mir noch Tage später im Kopf herumspukte. Dabei bin ich durchaus nicht leicht aus der Fassung zu bringen, seit ich in den Siebzigern in Kurven gestanden habe, wo lauthals als Coverversion von Boney M's „Belfast" gesungen wurde: „Gib Gas, gib Gas, wenn Hitler mit den Schalkern in die Gaskammer rast." Und das „Haut den Bochumern die Schädeldecke ein" durchaus wörtlich zu verstehen war.

Insofern blieben die Berliner Fans an jenem Nachmittag in Leverkusen durchaus hinter schon gesetzten Standards der

Dumpfheit und Aggression zurück. Oder doch nicht. Ihre Beschimpfung des Leverkuseners Carsten Ramelow, der vor Jahren bei Hertha BSC gespielt hatte, fiel nämlich eigentümlich drastisch aus. „Ramelow, du Fotze!" riefen also die mehr als tausend Hertha-Fans, dehnten dabei die letzte Silbe des Namens, streckten am Ende, gleichsam als Ausrufezeichen, die Arme in die Luft und riefen noch einmal, „Ramelow, du Fotze!" Das gefiel ihnen, weshalb sie ihren lautesten Schlachtruf immer wiederholten und damit die kleine BayArena akustisch füllten.

Nun sind Fußballstadien gewöhnlich nicht die Orte, an denen weibliche Geschlechtsteile mit besonders großer Zärtlichkeit benannt werden. Allerdings hat sich in den letzten Jahren einerseits die raue Männerwelt selbst auf den Stehterrassen etwas zivilisiert, und gehörte andererseits die Beleidigung eines Mannes als Schlampe selbst in wilderen Zeiten nicht zum Inventar der Beschimpfungen. Was wollten die Hertha-Fans also damit sagen, und warum hatten sie so ein Vergnügen dabei?

Hatten sie nur einen neuen Dreh gefunden, einen Mann als Mann herabzuwürdigen? Schließlich riefen sie ergänzend immer mal wieder: „Schwuler, schwuler Ramelow." Und was hatte diese Sexpolitik mit dem dritten Standbein ihrer Ramelow-Verhöhnung zu tun? Entschlossen wurde dem Angeklagten nämlich der Arier-Nachweis entzogen: „Wir sind Berliner, und du nicht." Womit es die Berliner sogar irgendwie schafften, die beliebte Beschwerde frustrierter Fans über am Schicksal ihrer Klubs desinteressierter Profis einen rassistischen Dreh zu geben. Dazu passte auch prima die gute, alte Durchhalteparole, „Berlin, Berlin, eisern Berlin", die noch nach Reichssportfeld, ummauerter Debilität und Berlinzulage mieft.

So fügte sich die Dreifaltigkeit aus Frauenfeindlichkeit, Schwulenfeindlichkeit und Rassismus zusammen, und vielleicht gibt es kein Geheimnis dahinter, als dass diese drei Dinge eben zusammengehören. In Herthas Fankurve auf jeden Fall, so dass man vergnügt zurücksingt: „Ihr seid Berliner und ich nicht."

Stolz der Männer

Es ist weitgehend unstrittig, dass David Beckham zu den besten Fußballspielern der Welt gehört und ziemlich gut aussieht. Offensichtlich liebt er seine Frau und seine Kinder, er soll sympathisch und immer noch ein wenig schüchtern sein. Das behaupten jedenfalls alle, die ihn mal getroffen haben.

Kompliziert wird Beckhams öffentliches Bild jedoch nicht zuletzt dadurch, dass seine Frau nicht irgendein Girl next door ist, sondern das Girl next door einer ganzen Generation. Victoria Beckham sang bekanntlich früher bei den Spice Girls und lebte mit ihrem Mann in einem Anwesen, das in englischer Sehnsucht nach Königstum „Beckingham Castle" genannt wird. Victoria hat David zum Geburtstag einen Bentley Arnage T geschenkt, den er anschließend von 270 km/h auf 200 km/h drosseln ließ. Sie schickte ihrem Mann zur Weltmeisterschaft 2002 einen Starfriseur nach Japan hinterher, um die Haare wieder herzurichten. Denn Victoria weiß, dass David ein besonderes Verhältnis zu Frisuren hat. Wenige Minuten nach der Entbindung des ersten Kindes bat er sie, ihm die Haare zu machen, damit er die Geburt vor der Presse verkünden konnte. Die Geschichte ist ihm ziemlich peinlich.

David Beckham hört gerne Hip Hop, liebt Mode und hat sich auch schon im Sarong fotografieren lassen. Darunter trug er den Slip seiner Frau. Er war der erste Mann auf dem Titelbild der Frauenzeitschrift „Marie-Claire" und erzählte dort, dass er zwar nicht tanzen könne, aber im Bett ein Tier sei. Ungefähr zur gleichen Zeit war er auf dem Cover des englischen Schwulenmagazins „Attitude" und ließ sich in Posen fotografieren, die sich nicht von denen anderer Männer im Heft unterschieden. „To dye for Beckham" hieß die Schlagzeile, die mit der Doppelbedeutung des Anschmachten des schönen Mannes und seinen frisch blondierten Harren spielte. Im Interview erklärte er, dass er viele männliche Verehrer hätte und das gut finden würde.

„Er ist auf dem besten Weg vom Fußballer zur Lady, wenn ich mir seine lackierten Fingernägel anschaue", sagte Karl-Heinz Rummenigge, der Vorstandsvorsitzender des FC Bayern ist und klare Vorstellungen von Männlichkeit hat. Es gibt nicht wenige, die David Beckham sowieso für kickenden Kulturverfall halten. „Auf der letzten Entwicklungsstufe der gnadenlos vorangetriebenen Kommerzialisierung des Fußballs steht dessen Verpoppung", tobte die „Neue Zürcher Zeitung" und dachte dabei an den Mann von Posh Spice. Verdächtig macht es ihn auch, dass er sich nicht nur mit Fußball- sondern auch mit Werbeverträgen dumm und dämlich verdient. Auf gut 20 Millionen Euro im Jahr kommt Beckham insgesamt.

Als die englische Nationalmannschaft 2003 zum Länderspiel in der Slowakei antrat, beschwerte sich hinterher der slowakische Mannschaftskapitän Miroslav Karhan vom VfL Wolfsburg, dass Beckham eine „Heulsuse" sei, weil er auf dem Platz zwar austeilen, aber nicht einstecken könne. Mag sein, dass sich Beckham nicht makellos verhielt. Aber irgendwie passte es, das Maulen über ihn aus einem traurigen Winkel Osteuropas zu hören, wo die Zuschauer jede Ballberührung von Englands schwarzen Fußballspielern mit Affengeräuschen begleiteten.

Amrit und Rabindra Singh hingegen malten Beckham als Hindu-Gott Shiva. Auf ihrem Bild sitzt er vierarmig und gekrönt auf einem goldenen Thron, der auf Stößen von Boulevardblättern ruht, zusammen mit Ehefrau Victoria als Berggöttin Parvati und Sohn Brooklyn als Ganesh. Die beiden naiven Künstler gehören der Glaubensrichtung der Sikhs an und haben die Beckhams als ideale Familie gemalt, die von allen Seiten Geschenke erhält, weil sie „Persönlichkeiten sind, denen die Menschen so nacheifern wie den Göttern in der hinduistischen Religion". Im Film „Kick it like Beckham" ist David Beckham das Vorbild einer jungen Fußballspielerin aus der indischen Community in England. Das ist zweifellos kein Zufall. „Tritt zu wie Roy Keane", wäre ein anderer, ziemlich trauriger Film geworden.

Vor nicht allzu langer Zeit wurde der Begriff des Metrosexuellen erfunden. Er soll Männer beschreiben, die heterosexuell sind, aber sich schwule Insignien ausborgen. In den Metropolen sollen sie vorkommen, David Beckham wurde stets als Musterbeispiel genannt. Erst galten Metrosexuelle vage als hip, bald nicht mehr. Man sollte sich davon nicht irritieren lassen. „Auf ihn können die Männer stolz sein – und zwar alle", hatte das Schwulenmagazin „Attitude" geschrieben. Besser kann man es wohl nicht sagen.

Sehnsucht

„Wenn ich Fußball spiele, erwacht die Welt um mich herum."
Bob Marley

„Che Guevara war ein Rebell, ein Kämpfer für sein Land. Das will ich auch sein. Ich will den Schwachen helfen. Das ist im Fußball genauso, da muss man den schwachen Gegner auch aufbauen. Das ist so eine eigene Logik von mir, dazu will ich gar nicht viel sagen."
Torsten Legat

Die Wahrheiten der Kobra

Jürgen Wegmann trainierte sein verletztes Knie an einer dieser absonderlichen Maschinen, mit denen die maladen Körper der Profis wieder fit gemacht werden für den Kampf um Tore und Siege. Dabei schummelte er ein wenig wie ein Schüler, der seine Klassenarbeit mit Hilfe eines Spickzettels bestehen will, aber Josef sah es, und als sein Therapeut scheuchte er ihn lächelnd in die nächste Runde des Kampfs gegen die Apparatur. Einen letzten Angriff auf die Strafräume des bezahlten Fußballs wollte Wegmann damals unternehmen, als er weit unten angekommen war und den Vertrag eines Tagelöhners bei Mainz 05 unterschrieben hatte, der ihm Bezahlung nur zusicherte, wenn er spielte. Doch auf dem holprigen Grund eines Trainingsplatzes hatte er sich verletzt, die Ärzte ihm nicht recht geglaubt und zu spät in die Behandlung geschickt.

Wenn von Jürgen Wegmann die Rede ist, bricht unter Fußballfreunden meist Heiterkeit aus, denn der Stürmer gilt als lebender Beweis für die Behauptung, dass Kicker nicht ganz helle im Kopf sind. Gerne wird dann getratscht, dass Wegmann zu dumm gewesen sei, sich ein Auto zu kaufen oder eine Wohnung zu mieten und er viel seinem Freund und ehemaligen Mannschaftskameraden Frank Mill zu danken habe, weil dieser ihm die Dinge des täglichen Lebens abgenommen habe. Zudem werden seine längst dem ewigen Zitatenschatz der Bundesliga zugehörigen Sprüche hervorgeholt und unter großem Gelächter wiederholt.

Da ist allem voran seine Selbstbeschreibung, „Ich bin giftiger als die giftigste Kobra", die ihn für alle Zeiten zu Kobra-Wegmann gemacht hat, aber natürlich Ende der achtziger Jahre kein Ausdruck von Dummheit gewesen ist, sondern vielmehr ein visionärer Vorgriff auf das Zeitalter des Eigenmarketings und überdies nun wirklich nicht unoriginell. Gar nichts zu lachen gibt es auch über seine wunderbare Sottise, „Erst hatten wir kein Glück, dann kam auch noch Pech dazu", mit der er einst den wenig erfolgreichen Ausgang eines Spiels kommentierte. Den feinen Unterschied zwischen „kein Glück" und „Pech" erkannt zu haben, dazu gehört eine gereifte Weltsicht, die alle jene Schenkelklopfer, die meinen, sich über Wegmann erheben zu können, nicht einmal erahnen können. Der zentrale Ausspruch im Werk des großen Bundesliga-Esoterikers ist dann nachgerade atemberaubend. „Wo ein Vorteil ist, ist auch ein Nachteil", wog er seine Aufstellung nach Spielen auf der Ersatzbank völlig richtig ab. In einer Zeit reduziert linearen Denkens ist diese holistische Betrachtung von solcher Klarsichtigkeit, dass sie mir längst ein treuer Begleiter in allen Lebenslagen geworden ist.

Josef, der Therapeut, mochte Wegmann besonders gern. Einerseits war die Kobra ein guter Patient, dem er ein besonders feines Gespür für die Befindlichkeit seines Körpers attestierte. Josef rührte aber auch die Verletzlichkeit und Verlorenheit eines Spielers, der in seinen Mannschaften meist ein Außenseiter geblieben war und das mit lustigen Sprüchen zu kaschieren versucht hatte. Die Bemühungen schlugen trotzdem fehl, Jürgen Wegmann zumindest für Mainz 05 und ein paar Mark in der zweiten Liga fit zu machen. Er spielte er dort kein einziges Mal mehr, seine Karriere war beendet und von ihm lange nichts mehr zu hören.

Etliche Jahre sind seitdem vergangen. Auch Wegmanns nicht unorigineller Versuch, als Schiedsrichter in die Bundesliga zurückzukehren, verlief sich irgendwo in den unteren Klassen. So muss man es Borussia Dortmund hoch anrechnen, dass der Klub ihm irgendwann zumindest einen bescheidenen Job in ihrem Fanshop gab. Aber schließlich war das auch das Mindeste, denn Wegmanns Tor in der letzten Minute des ersten Relegationsspiels 1986 gegen Fortuna Köln bewahrte Borussia vor dem Abstieg und machte die späteren Triumphe erst möglich. Und wir sollten an die Kobra endlich als einen der Weisen vom Rande des Alltags denken, dessen Aphorismen von schlichter Größe waren wie sonst nur die von Sepp Herberger.

Mister Shankly und Herr Koch

Es war nur wenige Wochen, bevor sein Meister plötzlich vor den Augen der Welt als süchtig nach Kokain dastand und überhastet das Land verließ, als Roland Koch die schweren Ordner zuklappte, die er zu unserem Gespräch mitgebracht hatte, seinen Blick hob und zu erzählen begann. Vorher hatte er lange Listen, Tabellen und Charts aufgeblättert, um den wissenschaftlich und sportmedizinischen Unterbau seiner Arbeit als Co-Trainer von Christoph Daum zu erläutern. Wahrscheinlich aber hatte Koch gemerkt, dass er angesichts von Ausdauer- und Blutwerten oder den Ergebnissen von Sprinttests durch Lichtschranken wie ein Dr. Frankenstein des Fußballs wirkte. Jedenfalls betonte er mehrfach, dass es vor allem um die fußballerische Qualität ginge und all jenes, was er dort erläutert hatte, nicht mehr als Hilfsmittel seien.

Und dann sprach der Schattenmann von Christoph Daum, mit dem er unablässig fast zwei Jahrzehnte lang zusammen gearbeitet hatte, von jenem Nachmittag vor fast 25 Jahren, als er auf dem Trainingsgelände des FC Liverpool für sich allein übte. Er hatte dort einige leere Farbeimer gefunden und sich daraus einen kleinen Parcours gebaut, den er mit dem Ball am Fuß durchdribbelte, ihn gegen eine rote Ziegelmauer schoss, das zurückprallende Spielgerät wieder aufnahm und zurückdribbelte. Während Koch dies tat, kam ein älterer Herr mit einer Schlägermütze auf dem Kopf herüber und fragte, wer er sei und was das denn sollte. Roland Koch stellte sich vor und erklärte, dass er ein Sportstudent aus Deutschland sei und zu Gast beim FC Liverpool, weil er für sein Abschlussdiplom die Trainingsarbeit internationaler Spitzenklubs vergleichen würde. Aber, wer sei er denn, bitte schön? Der ältere Herr sagte: „Ich bin Bill Shankly."

Koch war tief beeindruckt, schließlich war dieser Mann eine Legende, nicht nur durch seinen legendären Ausspruch, nach dem es beim Fußball nicht um Leben und Tod ginge, weil die Sache viel wichtiger sei. So fühlte sich Koch auch sehr geehrt, als der große Trainer ihn nach Hause einlud. Der Verrückte aus Deutschland, der sogar in der Mittagspause nur Fußball im Kopf hatte, gefiel Shankly.

So saßen Koch und der Mann, der den FC Liverpool groß gemacht hatte, einige Male beisammen und sprachen lange über Fußball, und als Koch davon erzählte, klang es, als hätte er damals seinen Propheten getroffen. Keine von Shanklys Weisheiten über das Spiel, Training oder den Umgang mit Profis, nicht das kleinste Detail hatte der junge Trainer aus Deutschland jemals vergessen. Shankly schenkte Koch seine Autobiographie, und dass er ihm dort eine persönliche Widmung hineinschrieb, vergaß Koch nicht zu erwähnen, denn damit war das Buch zu einer Reliquie geworden.

Als seine letzten Tage in Liverpool gekommen waren, wurde Koch mit seiner Frau zusammen noch einmal eingeladen, und am Ende dieses letzten Besuchs gab Shankly dem jungen Paar einen Umschlag mit auf die Reise, den sie erst später öffnen sollten. Im Zug nach London schauten sie hinein; es waren hundert Pfund darin, was damals ein stolzer Betrag war, vor allem aber eine Geste ungewöhnlicher Wertschätzung.

Bill Shankly, sagte Koch schließlich, nachdem die schönen Bilder der Vergangenheit an ihm vorübergezogen waren, wäre der Größte gewesen, der ihm im Fußball jemals begegnet sei. Vielleicht lag in dieser Äußerung auch ein kleiner Verrat oder eine emanzipatorische Abgrenzung gegenüber Christoph Daum, der doch selbst gerne der Größte gewesen wäre. Aber vielleicht war es auch nur die Sehnsucht nach einer durch nichts getrübten Hingabe an das Spiel. Oder gar eine Vorausahnung der kommenden Affäre, in deren Folge auch Koch Leverkusen verlassen musste. Er wurde würdig verabschiedet: Die Spieler warfen ihn in die Luft, der Manager hielt eine Dankesrede, und Koch bekam eine Uhr mit Vereinsemblem. Dann packte er seine Sachen in zwei blaue Müllbeutel und legte sie in den Kofferraum des Wagens. Er würde nun in den Urlaub fahren und danach bei einigen europäischen Klubs hospitieren, sagte er.

Wenn die Geschenke ausgepackt werden

So richtig schlau wurden wir nicht daraus, warum uns Volker Finke in den Besprechungsraum neben seinem Trainerzimmer bat. Wollte er wirklich nur sein neues Videoequipment vorführen, mit dem beeindruckend großen Bildschirm, dem Satellitentuner für Programme aus ganz Europa und den Decodern aus verschiedenen Ländern? Zeigte er uns das Fußballprogramm aus dem holländischen Fernsehen wirklich deshalb, um uns eine professionell unaufgeregte Präsentation von Fußball vorzuführen? Oder steuerte er zielgerichtet auf den Bericht einer Partie von Twente Enschede zu?

Auf jeden Fall forderte Finke meinen Freund Uli und mich auf, die letzte Szene noch einmal genauer anzuschauen und spulte das Videoband zurück. Unspektakulär war sie eigentlich gewesen. Ein Angreifer von Twente hatte sich auf der rechten Seite durchgesetzt und daraufhin noch vor der Strafraumgrenze weit am Tor vorbeigeschossen. Doch Finke kam es auf ein Detail am Ende dieser missglückten Aktion an. Der Spieler hatte kurz die Hand gehoben und sich bei seinem Mitspieler entschuldigt, der eigentlich besser gestanden hatte. Das war es, was Finke gefiel, denn es zeigte ihm, dass der Spieler nicht nur wusste, wie es richtig gewesen wäre, sondern wies ihn als Teamspieler und nicht als autistischen Solisten aus.

Wir fragten nach dem Namen des Spielers. Er nannte ihn, und ein gutes Dreivierteljahr später hatte der SC Freiburg Ellery Cairo von Twente Enschede unter Vertrag genommen. Zweifellos hatte das nicht allein mit einer richtigen Handbewegung zu tun, Cairo war auch vor Ort mehrfach beobachtet worden. Aber sie mag der Schlüsselreiz gewesen sein, auf den

Finke reagierte in diesem Geschäft der Phantasien, das Scouting im Fußball ist.

Bayer Leverkusen hat ein weltumspannendes Netz von Informanten, erklärte mir Manager Ilja Kaenzig einige Wochen nach dem Besuch in Freiburg beim Essen in der BayArena, ließ es jedoch nur in Umrissen erkennen, weil der Rest ein Betriebsgeheimnis ist. Von überall her treffen wöchentlich Berichte vom Transfermarkt ein. Sie sollen helfen, die Scouts an die richtigen Orte zu bringen, wo Beobachtungen und Bewertung möglichst objektiviert werden sollen: Schnelligkeit, Kopfballspiel, Laufvermögen, Spiel ohne Ball und was es da sonst noch gibt.

Doch all diese Daten sind nur Nährstoffe der Projektionen, wie Spieler funktionieren könnten, wenn sie in der eigenen Mannschaft spielen. Denn kaum ein Profi bringt alle Fähigkeiten mit, in jeder Mannschaft der Welt die Qualität zu heben. Wer etwa in der argentinischen Liga ein Überflieger war, könnte in der Bundesliga falsch sein, weil er Fußball auf eine Art denkt und spielt, die hier nicht die angemessene ist. Diese Übersetzungsprobleme gibt es jedoch nicht nur zwischen den Ländern, sie können sich schon zwischen München und Stuttgart, Hamburg oder Bremen ergeben.

Mit den Jahren erkennt man immer deutlicher, worauf Trainer besonders reagieren. Klaus Toppmöller wird stets die Spieler besonders lieben, die eher irrational sind, und wenn sie damit im Leben Schwierigkeiten haben, wird es ihn noch mehr anziehen. Finke wird nie einer egozentrischen Tormaschine verfallen, Huub Stevens immer verlässliche Profis schätzen und dafür Blässlichkeit im Spiel in Kauf nehmen. Ihre Phantasie wird sich in Momenten entzünden, wo die entsprechenden Charakteristika Form annehmen. Ein emotionaler Moment ist das, der dazu führt, all die in Fragebögen und Datenbanken scheinbar objektivierten Informationen so auszulegen, dass sie passen.

Überflüssig macht sie das noch lange nicht, aber die Intuition ist nötig, weil sich Transfers ohne Risiko nur einige Millionenklubs leisten können. Für die anderen ist daher zu Saisonbeginn stets ein Weihnachtsfest der besonderen Art. Wenn die Neuzugänge auf dem Platz stehen, wäre es immer wie beim Auspacken der Geschenke, sagte mir Kaenzig. Und wer hat da nicht schon erlebt, dass es statt der Autorennbahn nur eine Spielzeugeisenbahn gibt.

Homerische Orkasmen in Lippstadt

An dieser Stelle sei einmal ganz altväterlich „dem Nachwuchs eine Chance" gegeben. Er heißt Oliver Sichau, ist Anfang 30 und Herausgeber, Chefredakteur und Allesvollschreiber der Zeitschrift „Homer", die sich vor allem dem Geschick des Oberligisten SV Lippstadt 08 widmet. Anhand der Berichterstattung einer Partie des Klubs gegen Eintracht Rheine ist Sichau jedoch ein übers West-fälische hinausweisender Schlüsseltext für den Sportjournalismus der Nachkriegszeit gelungen, der hier in entscheidenden Aus-schnitten dokumentiert wird. Also:

Gut ist es, den Spielbericht mit einem amüsanten Bonmot zu starten, etwa: „Kaum sind die Roten an der Macht, schon holt der SV 08 einen Punkt gegen Rheine." Kann man schöner auf den politischen Machtwechsel und gleichzeitig die Tatsache hin-weisen, dass eine Lippstädter Fußballmannschaft ungefähr seit Einführung des Frauenwahlrechts keinen Punkt mehr gegen die Holländer geholt hat? Falls einem in dieser Richtung nichts ein-fallen sollte, kann man den Bericht auch mit maßlosen Über-treibungen einleiten, die zwar nicht zutreffen, den Leser aber dennoch fesseln.

Noch besser ist es allerdings, mit Wissen zu prahlen, über das man nicht verfügt. Persönlich rate ich zum Konsum von Sendungen der Kanäle ARTE und 3SAT. Notieren Sie einen wichtigen Satz oder eine interessante Information und bringen Sie ihn ganz beiläufig unter. Ein Beispiel: „Rossini hat seine Oper ‚Der Barbier von Sevilla' mit 21 Jahren geschrieben, und ich kenne Leute, die zehn Jahre älter sind und es während des Spiels gegen Rheine nicht mal schaffen, eine Bierflasche mit dem Feu-erzeug zu öffnen." Oder die alte Martin-Heidegger-Leier: „Das ontologisch verstandene Bewerdenlassen ist vorgängige Freigabe des Seienden auf seine innerumweltliche Zuhandenheit (frische Mösen)." Halbwegs intelligente Leser werden Sie ob Ihres feinsinnigen Humors oder Ihrer Bildung feiern, weniger gebildete Gruppen zunächst verstört reagieren, aber dadurch versöhnt, in dem man – etwa durch Erwähnung intimer Frivolitäten – auch sie an den Text fesselt. Wichtig: Zeigen Sie nicht, dass Sie für diesen Abschaum unserer Gesellschaft nur Verachtung übrig haben. Überhaupt: Nie die Leser beleidigen. Merk dir das, du Arsch!

Für den Anfänger ist es besser, zunächst in den Fußstapfen eines Sportredakteurs zu wandeln und auf einige Angaben zum Spielgeschehen nicht zu verzichten. Wichtig dabei ist, den Gegner nach allen Regeln der Fabulierlaune zu demütigen und verhöhnen, selbst wenn er besser als das eigene Team gespielt haben sollte. Aber: Fasse dich kurz. Ein Beispiel: „Anstoß, nach zehn Minuten erzielte Markus Klingen das 1:0, dann wurde der SV immer deutlicher in der eigenen Hälfte eingeschnürt, den scheiß Rheinern gelang der Ausgleich, mit dem Pausenpfiff sogar die Führung. Mit Christos Orkas kam nach der Pause mehr Schwung ins Angriffsspiel, beide Teams stürmten fröhlich. Daniel Farke machte das 2:2 und Heiko Köpper ging nach einer roten Karte vom Platz, nachdem er in der 90. Minute einem frei aufs Tor zulaufenden Arsch aus Rheine von hinten volle Kanne die Beine weggesemmelt hatte. Vorher war Michael Schinke mit gelb-roter Karte des Feldes verwiesen worden, zwei Boffos aus Rheine mussten ebenfalls vorzeitig zum Duschen." Fertig, die „Bild" macht es auch nicht anders.

Auf dem Klo hat man die besten Ideen! Legen Sie sich also unbedingt Papier und Bleistift zurecht und notieren Sie eventuell auftretende Geistesblitze prompt, auch wenn sie noch so blöde sind. „Daniel zeigte allen, was 'ne Farke ist", hört sich schon besser an als „Daniel Farke machte das 2:2". – „Unsere

Spieler hatten früher GEHA-Füller, und ihre Mütter belegten Tortenböden aus Mürbeteig mit Früchten, deshalb sind wir das bessere Team und nicht zu vergleichen mit den Rheinern, die mit PELIKAN schreiben und Biskuit essen mussten", ist vielleicht noch etwas unausgereift, während „Orkas, der Killerwal, wirbelte wie ein Orkan, verhalf Dorkas Kiefer zu einem Orkasmus und ordert Ware aus Katalogen nur gegen Vorkasse" ebenso übertrieben wie falsch ist.

Wenn Ihnen absolut nichts mehr einfällt, was aufgeschrieben werden müsste, bietet es sich an, einfach abrupt aufzuhören und den Leser im

Ohne Platon habt ihr keine Chance

Anfang der neunziger Jahr erfand Dieter Bott den Begriff des Fußballintellektuellen und lud all jene, die er dafür hielt, in den Taunus ein. Dort steht eine schöne alte Villa, in der sich normaler Weise aufrechte Gewerkschafter zu Fortbildungen treffen. Bott, dieser an Adorno geschulte Geist, der immer Groll gegenüber Sport allgemein, besonders Fußball hegte und bereits 1968 ein Antiolympisches Komitee („Lust statt Leistung") gegründet hatte, wollte uns mal wieder die Ohren lang ziehen. Und uns, weil er ein freundlicher Mensch ist, unter angenehmen Bedingungen zusammenbringen.

So waren wir auch gern gekommen, obwohl es damals einer Art gespieltem Witz gleichkam, ein Fußballintellektueller zu sein. Schließlich war dieser Sport den gebildeten Ständen noch eher bäh und die Verbindung von Fußball und intellektuell nur in Anführungsstrichen zu sprechen. Das taten wir auch vergnügt, ob es nun Verbalrandalierer Jürgen Roth war, der so gerne die Granden des Fußballs beleidigte, Klaus Hansen mit seinen Fußballgedichten und Jayin Thomas Gehrmann, der einen bizarren, aber nicht nur abwegigen Vortrag über das Leben im Mutterbauch und die Vorliebe für Bälle hielt. Sehr nett war das sonnige Wochenende, und am Samstag wurde im Garten gekickt, wobei ich wie üblich einen so roten Kopf bekam, dass sich meine Mitspieler schon Sorgen machten.

Dieter Bott beklagte unterdessen, dass kritische Denker von einst ins Lager einer kuscheligen Fußballbegeisterung übergewechselt waren, und ahnte so früh das Elend voraus, das allerspätestens unübersehbar wurde, als Rudi Völler 2003 auf Island seine Kritiker beschimpfte. Die „Frankfurter Allgemeine Zeitung" kommentierte den Vorfall auf ihrer Titelseite, als wäre ein

Staatsminister aus der Rolle gefallen. Den Tagesthemen der ARD gab es nichts Wichtigeres, und sie eröffneten ihre Berichterstattung damit. Selbst der Autokanzler, der auch ein Fußballkanzler ist, meldete sich zu Wort. Es war nicht zu fassen.

Nun mag es zweifelhaft klingen, sich über den gesellschaftlichen Aufstieg von Fußball zu beklagen, wenn man davon profitiert. Fußballjournalist zu sein, ist schließlich ein ehrenwerter Beruf geworden, und zweifellos habe ich mich früher ausgiebig darüber beklagt, dass Fußball als kulturelles Phänomen nicht ausreichend ernst genommen wurde. Nur gehörte zur Behauptung, dass Fußball die wichtigste Sache der Welt sei, der unausgesprochene Nachsatz, dass es nicht so ist.

Inzwischen liefert Fußball nicht nur die gängigste Metaphorik politischer Berichterstattung, wenn sich Sozialdemokraten ins Abseits begeben oder Freidemokraten die Rote Karte sehen (gibt es in der PDS eigentlich überlappendes Flügelspiel?). Das mag die Welt anschaulicher machen, aber warum Kicken gleich zum Welterklärungsmittel machen. Der jugoslawische Meistertrainer Vujadin Boskov hat vor vielen Jahren herbergeresk tautologisiert: „Fußball ist Fußball." Und das ist eine ganze Menge – aber nicht mehr. Ein randalierender Teamchef ist ein randalierender Teamchef und sagt keineswegs etwas über den Zustand unseres Landes.

Derzeit aber wird in den Feuilletons auch jenseits von Völler-Tiraden so viel über Fußball geschrieben wie nie. Das hinreißend schnöde Geschehen in den Stadien wird ordentlich mit Bedeutung überhäuft und, so ist der Verdacht, wirklich ernst genommen. „Ohne Platon habt ihr keine Chance", möchte man bei diesen Verrenkungen singen, in denen es zumeist um nichts anderes als die Ummantelung kindlicher Freuden geht. Dieter Bott hätte derlei bestimmt ordentlich gegeißelt und über Intellektuelle gespottet, die fehlende Körperlichkeit ihres Schaffens mit demonstrativer Fußballbegeisterung zu konterkarieren suchen. Von Politikern ganz zu schweigen, die sich statt um den Länderfinanzausgleich um den 1. FC Kaiserslautern kümmern.

Wir so genannte „Fußballintellektuelle" tranken damals übrigens zu viel Bier und schossen im Flur der Gewerkschafts-Villa noch mit dem Ball herum wie die Fünfjährigen. Der Satiriker Gerhard Henschel holte dabei eine Lampe von der Decke, und Klaus Hansen schrieb kein Gedicht darüber.

Der Weg des Balls

Marvin sucht den Ball, oder um es genauer zu sagen, er sucht den Weg des Balles. Es ist kein Fußball, sondern ein Baseball, der im Jahr 1951 bei einem legendären Spiel der Brooklyn Dodgers gegen die New York Giants geschlagen wurde, zur gleichen Zeit, als die Russen ihre erste Atombombe zünden. Marvin will den Weg lückenlos rekonstruieren, alle Besitzer benennen können, alle Hände, die den Ball weiterreichten seit er den entscheidenden Flug über das Spielfeld hinweg in die Tribünen und Geschichtsbücher machte. Marvin hat sein Leben in den Dienst des Balles gestellt. Die Liste seiner Besitzer soll so lückenlos sein wie die eines buddhistischen Mönches, der die Namen seiner Lehrer zurück bis zum ersten Buddha benennen kann – und seiner Erleuchtung.

Vielleicht kann man die Bedeutung eines Fußballs, mit dem ein WM-Finale gespielt wurde, vergleichen mit diesem Baseball aus dem Jahr 1951. Ein Gegenstand mit einer Aura, und wir erinnern uns, dass vor der Europameisterschaft 1996 in England die dortigen Boulevardzeitungen, immer Hüter populärer Mythen, die Jagd auf den Endspielball des WM-Endspiels von 1966 eröffneten. Der Ball, der nicht über die Linie ging. Am Ende fand er sich bei Helmut Haller zu Hause in Augsburg – oben auf dem Schrank. Haller hatte den Ball nach Abpfiff einfach mitgenommen und gab ihn den Engländern anstandslos zurück. Die Magie entfaltete sich aber nicht, die Rückkehr des heiligen Leders, mit dem die Engländer dreißig Jahre zuvor ihre einzige Weltmeisterschaft gewonnen hatten, half im entscheidenden Moment nicht. Im Halbfinale von Wembley schieden sie aus, im Elfmeterschießen gegen Deutschland. Den späteren Europameister.

Noch hat Marvin die letzte Lücke nicht schließen können, ein Besitzer des Balls, der erste ist es, fehlt ihm. Krankheit bedroht sein Projekt, und vielleicht wird er sterben, ohne ganz sicher sein zu können, dass der Ball wirklich der richtige Ball ist. So sitzt er auf einer Etappe seiner Suche bei einem Händler für Baseball-Memorabilia, der umgeben von Erinnerungsstücken in einem kleinen, unordentlichen Laden auf Kunden wartet. Don DeLillo hat diese Geschichte in sein Epos „Unterwelt" eingewoben. „Ich sitze hier mit meinem bröselnden Papier. Darin liegt eine poetische Rache", lässt er den Händler sagen.

Marvin versteht nicht, was damit gemeint ist. „Die Rache der Alltagskultur an denen, die sie zu ernst nehmen", sagt der Händler. Das ist ein erschreckender Gedanke, und DeLillo beschreibt, wie stark das Erschrecken Marvins ist und wie er sich doch gleich wieder fängt. „Marvin spürte so etwas in seiner Brust, als würde so ein Koreaner im Schlafanzug mit der Handkante einen Ziegelstein zerdreschen. Aber dann dachte er, wie soll ich denn nicht ernst sein? Was könnte ich ernster nehmen als dies hier? Und warum soll man jeden Morgen aufwachen, wenn man nicht versucht, der Wucht der bekannten Kräfte auf der Welt mit etwas Machtvollem in seinem eigenen Leben zu begegnen."

Ist im Fußball etwas, das machtvoll genug ist, oder wird sich die Hingabe ans Spiel irgendwann rächen? Eine merkwürdige Frage vielleicht, aber wir haben die Säkularisierung des Spiels erlebt. Fußball hat seinen religiösen Gehalt verloren. Ein Stadion ist heute keine Kathedrale mehr, den Gesängen aus den Querschiffen der Fantribünen fehlt die Inbrunst, auf dem Rasen werden keine Glaubenskriege mehr ausgetragen – Fußball ist kein Spiel um Leben und Tod. Warum das so ist, ob das zu begrüßen ist oder nicht, soll hier nicht besprochen werden, aber die Folgen. Denn nun kann kein Ball mehr einen Zauber entwickeln, der stark genug ist, den Kräften der Welt etwas Machtvolles entgegenzusetzen. Kein Ereignis auf dem Rasen ist mehr stark genug, dass wir über die Jahre anhand von Gegenständen in Kontakt bleiben wollen. Da ist keine Erleuchtung mehr auf dem Rasen, zu der wir zurückfinden wollen – oder war da nie? Fußball ist ganz zur Alltagskultur geworden und wird an uns Rache üben, wenn wir uns nicht vorsehen.

Danksagung

Bedanken möchte ich mich bei den Kollegen der „tageszeitung" und der „Süddeutschen Zeitung", die diese Texte betreut haben: Frank Ketterer, Matti Lieske, Bernd Müllender, Alex Rühle, Ludger Schulze, Peter Unfried, Thomas Winkler.

Außerdem möchte ich mich bei allen bedanken, die auf ganz unterschiedliche Weise beim Entstehen der Texte geholfen haben: Eduard Augustin, Dieter Bott, Ulrich Fuchs, Monika Jonischkat, Frank Niedlich, Birgit Schmitz, Birgit Schönau, Oliver Sichau, Katrin Weber-Klüver.

Nicht nur für das Vorwort gilt mein besonderer Dank Peter Unfried, sondern weil es diese Texte ohne ihn nicht gegeben hätte.

Zum Autor

Christoph Biermann, Jahrgang 1960, lebt als freier Autor und Korrespondent der „Süddeutschen Zeitung" in Köln. Er veröffentlichte viel beachtete Bücher zum Fußball, darunter die Klassiker „Wenn du am Spieltag beerdigt wirst, kann ich leider nicht kommen" und mit Uli Fuchs „Der Ball ist rund, damit das Spiel die Richtung ändern kann".